有趣的历史

世界篇

主编 ◎ 王怀利　　副主编 ◎ 刘建新　王烨　宋薇　王聪　于洋

清华大学出版社
北京

内容简介

本书共有九章，借助真实、有趣、鲜活的故事讲述了从人类起源到 20 世纪以来的世界历史，既突出了历史进程的时序性，又凸显了历史发展的主线。为了让读者更好、更准确地了解历史事件的来龙去脉，本书还设有辅助小栏目，既有助于读者从历史深处解读历史，又可以拓展读者的阅读知识面，落实历史学科的核心素养。

通过本书，读者能够体会历史本身的趣味和意义。同时，本书通过构建历史与当下的联系，可以让青少年立足当今，放眼世界，具有正确的国际视野。

本书适合青少年阅读，同时对一般历史爱好者也具有较高的参考价值。

本书封面贴有清华大学出版社防伪标签，无标签者不得销售。

版权所有，侵权必究。侵权举报电话：010-62782989，beiqinquan@tup.tsinghua.edu.cn。

图书在版编目（CIP）数据

有趣的历史. 世界篇 / 王怀利主编. -- 北京：清华大学出版社，2024.10. -- ISBN 978-7-302-67446-7

Ⅰ. K109

中国国家版本馆 CIP 数据核字第 2024ZE3886 号

责任编辑：杜春杰
封面设计：刘　超　美南子
版式设计：楠竹文化
责任校对：范文芳
责任印制：丛怀宇

出版发行：清华大学出版社
网　　址：https://www.tup.com.cn，https://www.wqxuetang.com
地　　址：北京清华大学学研大厦 A 座　　邮　　编：100084
社 总 机：010-83470000　　邮　　购：010-62786544
投稿与读者服务：010-62776969，c-service@tup.tsinghua.edu.cn
质量反馈：010-62772015，zhiliang@tup.tsinghua.edu.cn

印 装 者：三河市人民印务有限公司
经　　销：全国新华书店
开　　本：170 mm×230 mm　　印　张：12　　字　数：220 千字
版　　次：2024 年 12 月第 1 版　　印　次：2024 年 12 月第 1 次印刷
定　　价：69.80 元

产品编号：093525-01

编委会
（以汉语拼音为序）

何博宇　刘建新　马东亮　宋　薇
孙爱君　谈光云　王　聪　王冠华
王怀利　王　伟　王　烨　吴庆煜
辛晓燕　于　洋　张奋杰　朱琰怡

序

在我们的生活中，人们常常讲故事、听故事，尤其是中小学生，更喜欢听故事。所谓"故事"，一般是指过去的事情，而历史就是过去的事情。历史丰富多彩，既有时代的变迁、朝代的兴衰，又有家族的荣枯、个人的悲喜；既有繁荣昌盛的辉煌景象、金戈铁马的壮烈场景，又有衰败萧条的残破局面、血雨腥风的至暗时光；既有叱咤风云的领袖人物、目光深邃的思想先驱、成绩斐然的科学巨匠，又有辛勤劳作的普通民众、心灵手巧的能工巧匠。正因为如此，历史是精彩的，是有趣的，是吸引人的。更重要的是，精彩而有趣的历史，可以给人以启迪、反思，使人从中获取智慧，受到教育，进而能够鉴往知来、洞察世事、感悟人生。

"故事"还是一种文学体裁。现在呈现给青少年读者的这套"有趣的历史"，就是以讲故事的方式，将中外历史上重要的事件、人物、现象等娓娓道来，以生动、具体、形象的描述帮助青少年触摸历史的脉动，感受历史的精彩，体会历史的有趣。这是一套关于历史的书，它既不像一个正襟危坐的老人对后生进行的严肃说教，也不像有的文艺作品那样随意戏说，而是根据可靠的历史材料，按照历史发展的顺序，精选重要的史实，以提问为引导，进行具体而平实的叙述，展现历史的生动有趣。

这是一套构思精巧、可读性较强的历史读物，青少年通过阅读，可以了解历史上的重要事件、重要人物和具体的历

史现象，解开一些对历史事实的疑惑，明了历史所蕴含的道理、经验、智慧等。而且，这套书还可以为学好历史课提供很多帮助。学校的历史教材内容虽然较为全面、系统，但往往是概而论之，不太具体。而这套书恰恰可以作为对历史课程的学习补充，帮助学生更深入、更具体地了解历史的真实情况，尤其是历史事件发生的具体经过、历史人物的具体言行、历史现象的具体状态等，这对学生了解历史、理解历史和认识历史有很大帮助。此外，它还可以使学生了解比教材上更多的历史情况，丰富历史知识，拓宽历史视野。通过阅读这套书，学生会感受到学习历史并不是一件枯燥无味、兴趣索然的事，而是一件很有意思也很有意义的事；学好历史，是成长过程中不可或缺的。

正因为如此，我向广大的青少年推荐这套"有趣的历史"，希望大家通过阅读，真正地感受到历史的精彩和有趣，深刻地体会"习史使人明智"。

是为序。

首都师范大学历史学院教授

中国教育学会历史教学专业委员会副理事长

2022 年 2 月 25 日

目 录

第一章 1
从猿向人的转变
  第一节　神奇的力量　　　　3
  第二节　早期人类的生活　　　5
  第三节　最早的穷人和富人　　7

第二章 11
从尼罗河畔到爱琴海边
  第一节　亚非古国，大河文明　　13
  第二节　古希腊文明，神话与真实　22

第三章 29
从西罗马的废墟到东罗马的荣光
  第一节　黑暗时代，信仰时代　　31
  第二节　庄园经济，城市自治　　37

第四章 53
日出之国与新月之乡
  第一节　大化改新，幕府统治　　55
  第二节　《天方夜谭》，阿拉伯数字　65

第五章 75
欧洲思想解放运动与新航路的开辟

- 第一节　人文主义，启蒙运动　　77
- 第二节　发现新大陆，环球航行　　86

第六章 95
大国崛起与瓜分世界狂潮

- 第一节　《大宪章》，光荣革命　　97
- 第二节　独立战争，民主建国　　104
- 第三节　财政危机，三级会议　　112
- 第四节　明治维新，"铁血政策"　　118

第七章 131
工业革命与马克思主义的诞生

- 第一节　蒸汽时代，电气时代　　133
- 第二节　《共产党宣言》，巴黎公社　　142

第八章 147
两次世界大战与国际秩序的演变

- 第一节　一战爆发，战后国际秩序　　149
- 第二节　闪击波兰，雅尔塔体系　　158

第九章 169
从冷战到和平发展、合作共赢的时代

- 第一节　"一个胡桃的两半"　　171
- 第二节　"一堵墙总比一场战争要好些"　　177
- 第三节　世界多极化发展趋势是新"合力"驱动的结果　　180

第一章
从猿向人的转变

第一章　从猿向人的转变

去动物园游玩，我们会看到一种名叫大猩猩（一种类人猿）的动物。它们和老虎、狮子不太一样，因为它们长得和人很像，甚至能做出伸手向游客索要食物的动作。于是我们不禁会思考：大猩猩和我们有什么关系呢？它们不会是我们的亲戚吧？

人怎么会和大猩猩有亲戚关系呢？1871年，达尔文在《人类的由来及性选择》一书中证明了这一事实："人类和现代类人猿有共同的祖先。"在丛林间荡来荡去，吃香蕉的猿是如何变成人的呢？

头脑风暴

猿从树上下来成为人，这一变化对猿来说是好事还是坏事？

第一节　神奇的力量

1876年，恩格斯在《劳动在从猿到人转变过程中的作用》中提出："劳动创造了人本身。"劳动究竟如何让猿变成了人？两三百万年前，一只在树上荡来荡去的猿，因为找不到足够的食物，或者其他原因，它决定从树上下来，这一刻，命运的齿轮开始悄悄地转动。这只猿来到地面，逐渐学会了用双脚直立行走，上肢则采摘果子，或者利用一些小石块、木块捕捉小动物。双手解放出来后，可以干更多的事情。做的事情越多，对大脑神经元的刺激就越大，也就越有智慧。我们在非洲大陆发现了距今300万年左右的古猿化石，由于留下的考古遗存过少，我们无法准确地还原从猿到人的转变过程，但是基于对今天猩猩、猴子生活习惯的观察，结合过去考古发现的研究，我们可以合理地推测猿转变成人的过程。

哇！原来是这样

"变聪明"的代价

从北京人到现代人，脑容量增加了近400毫升。从某个角度来看，这是一个十分喜人的进化。但人类终将为他们的选择付出同等的代价，变聪明的代价就是身体更脆弱了。他们的肌肉萎缩，把更多的能量拨给了大脑里的神经元，并且为了直立行走，还要撑住大脑袋，他们时常会面对背痛、脖子僵硬等疾病。对妇女来说，大脑袋和直立行走给她们带来的挑战更大，直立让臀部变窄，婴儿的头却越来越大，为了让母亲不至于每次生产都丧命，人类选择了"早产"。小牛生出来没多久就能跑动，但是脆弱的人类刚生出来还需要大人细心呵护，不然随时可能会死掉。这就是脑袋变大的代价！

为了让自己的食物更充足，猿开始思考：怎么样才能让自己吃得更饱呢？于是它学会了制造工具，甚至还会给其他动物设置陷阱。就这样，它每天都在使用自己的大脑，每天都在锻炼自己的上肢——摘果子、制造工具。终于，量的积累带来了质的飞跃：直立行走和手的进化引起身体构造上的一系列变化，大脑和感觉器官也日益发展，出现了人类的各种特征。从它学会思考的那一刻起，它就摆脱了猿的身份。南方古猿是可以确定的从猿到人的过渡期间的生物，其平均脑容量接近500毫升，根据现有的考古发现，推测它们可能已经有语言能力。

第二节　早期人类的生活

采着果子打猎物，围着篝火唱着歌。刚成为人的他们，过的是这样的生活。南方古猿之后，人类的体质、形态仍在发展，根据不同阶段的特征可以分为：最早的人属（叫作能人，距今约180万年，会使用工具），直立人（170万年或150万年前到30万年或20万年前），早期智人（25万年至4万年前），晚期智人（四五万年前至1万年前）。在晚期智人时期，不同地区的人已经呈现不同的样貌。据考古发现，欧洲的晚期智人的体质、形态很像现代的欧洲人，非洲的晚期智人已经显现非洲黑人的特征，中国的晚期智人则可以看出蒙古人种的特征。当然也有一种说法：南方古猿以后，全球同时存在至少6个不同的人种，最后只剩下智人这一个人种。

直立人、早期智人和晚期智人生活的时期可以统称为旧石器时代。他们有一些共同的特征：以打制石器为主要生产工具，会用火，群居，以采集果实和狩猎为生。我国的周口店北京人遗址是迄今为止世界上材料最齐全的直立人遗址之一。

往事钩沉

1918年，瑞典的地质学家安特生最早对周口店进行了考察。1927年，中国地质调查研究所与北京协和医学院达成系统发掘周口店的合作协议，这一年一枚保存良好的牙齿在周口店北京人遗址中被发现。1927年，步达生在论文中正式提出"北京人"这一名字。迄今为止，人们在北京人居住的洞穴里发现了10万多件石器，从早期到晚期有明显的变化，石器的制作技术逐步提高。考古学家在洞穴中还发现了6米的灰烬层，这证明北京人不仅懂得用火，还能保存火种。

在北京周口店遗址博物馆里，你可以观察到北京人生活的地方是能够被太阳光直射的背风向阳的洞穴，洞穴位于半山腰，山下有一条河流，方便日常取水，而且河水泛滥的时候又淹不到这里。这是旧石器时代我们祖先的家。工作人员用蜡像、壁画等方式还原了当时北京人的一天：清晨，家里的青年男性起床后拿起手边的工具，准备出门打猎。大家手中的工具各有特点——有的人拿着石矛，有的人拿着石刀，有的人拿着石斧，这些石器上都有砍砸过的痕迹；还有的人举着火把。他们希望今天可以用石头、火把、喊叫来惊吓野兽，使它们不断奔跑，得不到喘息的机会，最后力竭倒下；或者把野兽赶向悬崖，让它们摔死，这样他们就可以获得猎物了！还有一些青年手里的工具比较袖珍，他们拿着鱼叉、鱼钩，准备出门捕鱼！女人们则留在洞里，准备今日的采摘工作。长期积累的生活经验让这些女人知道山里哪些果子能吃，哪些不能吃，哪些比较可口，哪些能贮藏较长的时间。她们每天都会采摘一定数量的果子。傍晚，男人们从野外提着捕捉到的猎物回来，是一头梅花鹿！但是他们并不是每天都能打到猎物，有时候甚至一个星期都打不到一只猎物。于是今晚，大家决定围着篝火庆祝一下，用火烤熟鹿肉，分享白天采摘的果子。梅花鹿的皮可以用骨针缝制成衣服。晚饭后，大部分人开始休息，山洞里还留着火把照明。火把的光亮足以驱散野兽，也可以用来取暖。

考古学家在北京周口店发掘出40个左右的直立人化石，发现了用火的遗迹和几万件石器以及烧过的骨头；在山顶洞人遗址里面发现了穿孔骨针；在非洲肯尼亚的切萨瓦尼亚发现了40块烧过的黏土小碎块，可能是篝火的遗迹；在欧洲穆斯特洞发现了小型尖状器和刮削器。在法国方哥默的洞穴中，还有用陷阱捕捉野兽场景的壁画。

第三节　最早的穷人和富人

旧石器时代结束后，人类进入了新石器时代。人们不再依靠采摘果实填饱肚子，因为他们掌握了种植技术。人们也逐渐不需要打猎以获取食物，因为他们学会了驯养家畜。这一时期，人们的生活水平不断提高，饿肚子的事情逐渐减少。正是这样的"土壤"滋生了阶级，社会开始出现富人和穷人，甚至还有奴隶。

一开始，人们还是照旧"采着果子打猎物，围着篝火唱着歌"。随着时间的推移，人们逐步熟悉了某些植物的生长规律，慢慢懂得了如何栽培作物，人类开始进入农业时代。这个过渡世界各地并不统一，大约在公元前 8000 年到公元前 3500 年完成了向农业社会的过渡。

最初可能只是掉落的几粒种子在人们居住的洞穴门口生根发芽，然后抽穗并结果，人们惊喜地发现，原来这种能填饱肚子的东西是可以被种植的！于是生活在西亚的人们开始种植大麦、小麦、小扁豆；东亚中国黄河中上游、长江中下游的人们开始种植粟、水稻；东南亚泰国北部的人们开始种植豆类、葫芦、黄瓜；中南美洲的人们开始种植玉米、豆类、马铃薯。这个时期，人们猛然发现，除了采摘，还可以有规律地种植粮食。于是开叉的树枝、木棒、被打制过的比较尖锐的石块开始用于农业耕种，原始的耕种工具诞生了。在种植的过程中，人们发现打磨过的石器更便于挖掘土壤，于是打制石器慢慢变成磨制石器，人类进入了新石器时代。

因为粮食可以被固定地生产出来，人们不再需要频繁地更换山头，寻找丰硕的果树，于是他们开始定居。最初居住的半山腰似乎已经不再适合大面积地种植水稻、粟或者其他的作物，因为半山腰地势不平坦，距离河流也不近，于是人们开始走下山，寻找河边较为平坦的区域，并就此定居下来。考古学家在河姆渡遗址里挖掘出大量的稻谷、谷壳、稻秆和稻叶堆积，最厚处达 1 米。多余的粮食不能直接堆在地上，不然会受潮，为了贮藏粮食，人们发明了陶器。除了贮藏粮食，陶器还可以用来蒸煮食物。

粮食的问题解决了,但是人们不能每天只吃粮食不吃肉,因此打猎这项活动并没有立马消失。人们不断地研究捕猎工具,随着工具的改进,每天能够捕获的猎物变多,有时候猎物吃不完,就会找一个地方养着,以后再吃。慢慢地人们发现一些温顺的猎物可以被驯养,如狗、绵羊、山羊、猪、牛、马等。河姆渡遗址出土的陶钵上就刻有猪的形象。

人们终于可以不用担心自己山头的野菜、果子被吃了,也不用害怕出门打不到猎物了。人们获得了比较稳定的食物来源,而且有可能生产出超过维持劳动力所需的食物并储存它。每天的食物不再被吃得精光,食物有了剩余,一部分人可以去从事生产食物以外的活动,比如制作陶器、纺织、酿酒、榨油、制作玉器等。

农产品、牲畜、手工制品之间可以进行互换,因为不同部落擅长生产的东西不同,也可以进行部落间的互换,如畜牧部落用牲畜、肉类、兽皮换取农业部落的谷物和农副产品。最初因为产品过少,所以交换是偶然产生的,且带有氏族间馈赠的性质。后来因社会大分工后的需要以及存在可供交换的剩余产品,交换成为部落间不可缺少的经常性活动。最初的交换形式是以物易物,往往通过氏族的首领来进行。久而久之,执行交换任务的氏族代表往往把经营的氏族财富据为己有,富人开始出现,而部落中非首领家的人就渐渐地成了穷人。为了生产出更多的剩余产品,减轻自己的劳动负担,人们要求吸收新的劳动力。人们不再把战争中的俘虏杀死,而是把他们变成奴隶。富人、穷人、奴隶,这就是早期的阶级。阶级诞生后,距离国家的出现就不远了。在我国的良渚遗址中,不仅发现了宫殿区、内城、外城,还发现一些墓中随葬着数十件甚至数百件精美的玉器,而有一些墓中则没有随葬品。这说明当时阶级分化已经十分明显。

史海泛舟

恩格斯提出国家形成有两个标志,一是按地区来划分它的国民,二是凌驾于所有居民之上的公共权力的设立。以这两个标准来衡量,在距今5100年左右的铜石并用时代之初,中国长江下游和黄河中游地区至少已经达到了早期国家或文明社会的标准。

长江下游的良渚文化以余杭良渚遗址为中心。良渚遗址有近300万平方米的内城、630万平方米的外城，有水坝、长堤、沟壕等大规模水利设施。内城中部有30万平方米的人工堆筑的"台城"，上面建有大型宫殿式建筑。城内有级别很高的反山墓地，其中有随葬600多件玉器的豪华大墓。在良渚古城周围约50平方千米的区域内，分布着300多处祭坛、墓地、居址、作坊等，可以分成三四个明显的级别。良渚诸多超大规模工程的建造、大量玉器等高规格物品的制造、大量粮食的生产储备，都需调动大量的人力、物力。神徽、鸟纹、龙首形纹的普遍发现可能意味着整个太湖周围良渚文化区已出现统一的权力和高度一致的原始宗教信仰体系，存在一种对整个社会的控制网络。良渚古国无疑存在区域性的"王权"。

参考文献

[1] 张帆. 中国古代简史[M]. 2版. 北京：北京大学出版社，2015.

[2] 尤瓦尔·赫拉利. 人类简史：从动物到上帝[M]. 林俊宏，译. 北京：中信出版社，2014.

[3] 吴于廑，齐世荣. 世界史：古代史编：上卷[M]. 北京：高等教育出版社，2011.

[4] 徐钦琦. 周口店北京人遗址的发现及其意义[J]. 科学中国人，1995（5）：56-57.

[5] 韩建业. 中华文明的起源和形成[J]. 中华民族共同体研究，2022（4）：80-91.

第二章
从尼罗河畔到爱琴海边

第二章 从尼罗河畔到爱琴海边

第一节 亚非古国，大河文明

一、金字塔是奴隶修建的吗？

古希腊历史学家希罗多德在《历史》①一书中曾描绘过埃及金字塔修建时的场景——监工拿着鞭子，大声吼叫着："前面的，快一点儿！"奴隶身上背着沉重的石块，缓慢地前行。十万个奴隶为一组，每组在采石场工作三个月，就是为了修建法老的陵墓——金字塔！那么真实的场景是什么样的？埃及金字塔真的是奴隶修建的吗？

首先我们需要了解一下古埃及文明的诞生，然后才能更好地回答埃及金字塔是何人修建的这一问题。沙漠之中会开出文明的花朵吗？在古埃及文明诞生以前，没有人能给出肯定的答案。古埃及的西面是利比亚沙漠，东面是阿拉伯沙漠，南面是努比亚沙漠和尼罗河大瀑布，北面是三角洲地区的没有港湾的海岸。这样的地理位置，几乎杜绝了一切的生机，但是奇迹般地有一条河流穿越沙漠，它就是尼罗河。

尼罗河每年定期泛滥，洪水退去以后就为两岸留下了肥沃的土壤，这有利于农作物的耕种，能养活很多人。平缓的水流使北上的航行极为容易，而盛行的北风、西北风又使返航毫不费力。这样，古埃及人就拥有了宝贵的可靠交通运输线。三面沙漠使得敌人不能轻易进攻。这些条件促进整个流域在约公元前 3100 年时统一。

> **史海钩沉**
>
> 关心死亡，为来世——尤其是国王的来世——做好物质方面的准备，是埃及宗教信仰的一个主要特征。因为埃及人并不认为国王的死是最终的

---

① 《历史》成书于公元前 443 年，是了解早期西亚、北非、希腊历史的重要文献。

结局,所以他们在国王死后用香油等药料涂尸防腐,然后将尸体和食物及其他必需品一起放入巨大的陵墓即金字塔内。在金字塔中,第四王朝法老胡夫的金字塔规模最大。塔底占地5.2万平方米,塔高146米,全塔约用230万块巨石砌成,平均每块巨石重约2.5吨。这一金字塔是用最简单的工具即坡道、滚筒和杠杆建造的。

统一后的古埃及,法老拥有最高的地位,被称为神王,具有无上的权威,掌握全国的军事、政治、财政、神权。据说古埃及的农民在建造金字塔时的热情很高,相信他们正在为一位能决定他们共同幸福的"神"建造宅邸。所以,为神修建宅邸是一件多么荣耀的事情,怎么会由奴隶来完成呢?

人们一开始相信了希罗多德在《历史》中关于奴隶修建金字塔的描述。可是随着时间的推移,关于金字塔的修建有了更多不一样的发现。埃及最高文物委员会主席扎希·哈瓦斯说,他们在金字塔附近发现了一些墓穴,这些墓穴建于公元前2575年到公元前2467年,这些墓穴建在国王的金字塔旁,说明(墓中所葬)这些人绝不是奴隶。如果他们是奴隶,就无法在国王墓旁修建自己的墓穴。考古学家推测,该地区的金字塔由约1万名工人轮流建造完成,为满足他们的饮食需求,当地农场每天需提供牛羊各20余只。当时的统治者会给奴隶吃肉吗?

另外,墓穴中出土了一些人骨,通过对出土人骨的分析,考古学家发现有的男性手臂曾经断裂,但是得到了很好的治疗。如果是奴隶,又有谁会愿意为他们的治疗负担费用呢?考古学家还发现出土的人骨男女比例基本一致,甚至还有小孩的骨头,这说明金字塔的修建者是拖家带口地居住在附近的。

(1)尼罗河给埃及人带来了哪些"馈赠"?

(2)埃及金字塔的作用是什么呢?

(3)古埃及的象形文字是世界上最早的文字之一,和今天世界上通用的文字差别很大,科学家是如何破译它的呢?

1823年从金字塔建筑工人居住的遗址挖掘出的一块石板进一步说明埃及金字塔的修建者是自由民而非奴隶。这块石板所记录的内容发生于拉美西斯二世[①]统治埃及期间,用埃及象形文字记录了建造拉美西斯二世坟墓的工人名单。石板上还记载了工作日工人缺席的原因,这些原因千奇百怪,足以说明当时修建金字塔的工人不仅不是奴隶,生活条件甚至还不错。最常见的请假理由是生病,但有的请假理由比较罕见——我被蝎子咬伤了、我宿醉了、我要去为我兄弟的尸体涂香料。连这样的理由都能获得假期,充分说明当时修建金字塔的工人相对自由。

哇!原来是这样

1799年,拿破仑的军队攻进埃及港湾城市拉希德(即罗塞塔)。在那里,他们发现了罗塞塔石碑(现存于英国大英博物馆)。罗塞塔石碑是解读失传千年的古埃及象形文字的关键。这块石碑上记录着公元前196年3月27日的一份公告。这份公告在石碑上同时用古埃及象形文字、世俗体和希腊文三种文字进行了镌刻。石碑的上端使用的是在当时已经有3000年历史的古埃及象形文字,它用于宗教文本、纪念碑、正规文件等的书写;中间部分使用的是读书识字的古埃及人都可以看懂的世俗体,这种文字一般用于记录人们的日常生活;而石碑的下端,使用的是当时埃及政府通用的行政语言——希腊文。这样一封公告的出现,让后世的学者成功地根据"三行对译"破解了古埃及的象形文字。

二、世界上第一部成文法典在哪里?

"新月地带"(位于今天的伊拉克境内的美索不达米亚和西亚裂谷带中、北段)是人类古文明的发祥地之一,这里流淌着两条河流:幼发拉底河和底格里斯河。因为河流的滋养,这里成为一片肥沃之地,非常适合人类生存,但同时又因为过于肥沃,而周围并无防守之处,这里战乱不断,文明更迭频繁。

[①] 拉美西斯二世(公元前1304—前1237),古埃及第19王朝法老。他在年轻时就登上王位,与他的父亲塞提一世共同掌权,一直统治埃及到他去世为止。他的长期统治勾画了繁荣的埃及新王朝时代。

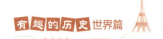

> **头脑风暴**
>
> （1）大河流域诞生的文明，除了两河流域的古巴比伦文明，你还知道哪些？
>
> （2）大河流域为什么能够孕育文明？你能够开动脑筋尝试回答这个问题吗？
>
> （3）在我国的造纸术没有广泛传播到世界各地之前，第一部成文法典会书写在什么上面呢？

公元前3000年左右，苏美尔人（早期在幼发拉底河和底格里斯河流域定居的民族，发明了楔形文字，后来被古巴比伦王朝所取代）已在两河流域建立了十几个以城市为中心的奴隶制城邦。生活在城市里的大多数平民靠当农夫、工匠、商人、渔民和养牛人谋生。城墙外面是农田，大部分土地被国王、祭司、富人占有。他们将土地分成小块，连同种子、农具和耕畜一起，租给平民。他们每年从平民那里回收地租，还需要计算下次播种所需的种子数量，以及考虑牲畜的分配等事情。简单的结绳记事已经无法满足人们如此复杂的需求，文字在这一地区应运而生。两河流域的文字叫作楔形文字。人们用削成三角尖头的芦苇秆当笔，将文字刻写在泥板上，然后将泥板烘干保存。

> **史海泛舟**
>
> 如果劳动成果可以保证劳动者温饱有余，就不需要所有的人都从事满足温饱需求的劳动，进而出现了各种手工业劳动以满足人类多方面的需求。为了便于大量人群之间频繁的交流及知识的积累与传播，进一步提高社会生产力，需要在较大的范围内把语言转变成统一的系统性文字。自公元前3000年前后各早期文明出现至公元初年中国发明造纸术的漫长岁月中，还没有可用于记载文字的纸张，人类不得不采用其他物质记载文字。在旧石器时代，人类已开始通过在石、骨、木、竹上刻画简单痕迹或在绳

第二章　从尼罗河畔到爱琴海边

子上打结的方式记录一些简单的信息；随后逐步尝试在各种物体上刻画图形或符号以传递一些信息。这些图形或符号是依照所要表达事物的客观形象而简化的图、符，是象形文字的前身。当那些刻画的图形符号逐步简洁化、规范化，多个符号连接可表达复杂的意思，符号与固定的语言发音结合，系统性的符号在较大人群范围被接受和使用时，就逐渐演变成了通用的文字。

河水平稳时，生活在幼发拉底河和底格里斯河的人们按部就班地耕地、放牧，然而流淌在美索不达米亚平原的这两条河流并不像尼罗河那般温顺，它们经常泛滥。人们恐惧洪水正如恐惧频繁的战乱一般。所以生活在这里的人们曾写过这样一句诗："只有人，他的寿命不会很长，无论他做什么，只是一场虚无。"频繁的战乱与无法预测的洪水让这里的人们对生活持悲观态度，几千年前的人们在面对无法解决的问题时，往往喜欢求诸神明，于是他们祈求神的解救，更祈盼出现能带来安全、稳定的君主。汉谟拉比就是这样一位君主，他经过35年的大规模征战，最终统一了两河流域。他编制《汉谟拉比法典》，试图明确、永久地调整一切社会关系。

《汉谟拉比法典》被雕刻在由三块黑色玄武石拼合的椭圆形石柱上。石柱高两米半，上方有两个人的浮雕像：一人手握短棍坐直，另一人站立行礼，好似朝拜。站立的人是汉谟拉比，坐着的是太阳神。神将王权赋予汉谟拉比，象征着君权神授，这使得百姓如崇敬神一般崇敬汉谟拉比。石柱下方用楔形文字刻着法律条文。正文共282条，内容包括诉讼程序、盗窃、兵役、租佃、雇佣、商业、寄存、婚姻、继承、人身伤害、债务、奴隶等方面。

《汉谟拉比法典》是世界上最早的成文法典。法典废除了过去的习惯法，执法者再也不能根据自己的需要随意解释法律：今天我看上了你们家的牛，你便要将牛赠予我，否则便违法；明天我看上了你家的田产，你必须无偿将田产赠予我，否则便违法。随意更改法律的情况被终止，对于生活在那个时期的平民来说

是一件好事。但法典中记录的内容还是逃脱不出时代局限性，具有同态复仇①、保护贵族阶级、奴隶没有人权的特点。

哇！原来是这样

《汉谟拉比法典》把古巴比伦社会的居民划分为三个等级，即阿维鲁、穆什钦努和奴隶。在法典中我们会发现一个现象：对地位较高的阿维鲁冒犯同等级的阿维鲁采用所谓的"野蛮"的刑罚，而对其冒犯社会地位相对较低的穆什钦努和处于社会最底层的奴隶却采用所谓的"文明"或"进步"的惩罚方式。法典第196条："倘自由民（阿维鲁）损毁任何自由民（阿维鲁）之眼，则应毁其眼。"第199条："倘彼损毁自由民（阿维鲁）之奴隶之眼，或折断自由民（阿维鲁）之奴隶之骨，则应赔偿其买价之一半。"看起来损毁眼睛的惩罚似乎比赔偿金钱的惩罚要野蛮，但是经过后来的进一步研究发现：在立法者汉谟拉比看来，严重的人身伤害是对人的尊严的侵犯，是对人格的侮辱，因此侵犯他人的尊严、侮辱他人的人格之人，自己也无资格享有人的尊严，也应该丧失其人格，这体现了立法者的一种人本观念。不仅如此，汉谟拉比还对过失致人受伤和死亡制定了专门的惩罚措施。如果自由民在争执中殴打另一自由民而致伤，则他只需立誓"我非故意使然"，然后赔偿医药费即可；如果其将另一自由民殴打致死，则他也需要发誓（"我非故意使然"），然后赔偿二分之一明那（货币名称）之银。这种精确的区分，是汉谟拉比时期法律相对公平的体现。

同态复仇长期持续下去会增加社会的不稳定性，并且这种公平式的同态复仇仅仅在自由民之间适用。对于奴隶，则不在法典保护范围之内，奴隶只是主人的财产，奴隶受到了伤害，不会有人为他们报仇，伤人者赔钱即可。法典也并未保护妇女和儿童的权益，妇女和儿童可作为债务抵押。

但总的来说，世界上最早的成文法典《汉谟拉比法典》的诞生仍旧是一个很大的进步，因为它开创了人类法律的先河，后世雅典的成文法便是模仿古巴比伦法典制定的，法典中对私有财产的保护也为后世的资本主义社会所借鉴。

---

① 同态复仇是原始社会中的一种复仇习俗。当某个部落成员遭受其他部落成员伤害时，前者会对后者施以同样的伤害。

三、种姓制度跟姓氏有关系吗?

"在光明到来前,你必须寻找黑暗躲起来,不然你可能会有危险。"这听起来有点像灵异故事,但这句话是古代印度贱民生活的真实写照。在古代印度,有这样一群人,他们是屠夫、刽子手、掘墓人、承办丧葬者,他们居住在与世隔绝的村庄,或者城镇外面的住房里,他们只可以使用自己的水井和寺庙,他们必须非常小心地避免玷污各种姓中的成员,不可与其他种姓的人发生身体上的接触,甚至不可以进入后者的视线,所以这些贱民很有可能在白天都无法出来活动。

什么是种姓成员?种姓制度是怎样形成的呢?这其实和公元前1500年左右侵入印度大陆的雅利安人有关。他们拥有铁质武器和马拉战车,轻而易举地击败了生活在印度大陆的土著居民,并在这里建立起新的文明。雅利安人一开始的生活习俗其实和今天的印度人十分不同,他们虽然崇拜牛,但也能吃牛肉;他们也能饮用烈酒;虽然有不同阶级的人群,但是还没有出现种姓之间的巨大隔阂。

雅利安人进入印度后,将本民族的人划分为武士贵族、祭司、平民三大等级,他们并没有限制只有同一个等级可以通婚,也没有关于哪个等级只能从事某项职业的规定。但是雅利安人非常清楚地知道自己与土著居民的区别,那便是肤色。公元前500年,种姓制度开始出现。种姓制度与姓氏无关,与人种和所处的阶级有关。

头脑风暴

（1）印度为什么会诞生种姓制度呢?
（2）印度的种姓分为哪几等?
（3）你认为印度的种姓制度对今天的印度社会有什么不好的影响?

雅利安人具有强烈的种族优越感,他们将当地黑色皮肤的土著人称为达塞人(即奴隶)。为了保持自己的优势地位,雅利安人极力阻止本民族和达塞人的混合,因此种姓制度就此诞生。在种姓制度中,前三个种姓是雅利安人,他们所能够从事的职业为:婆罗门担任祭司、刹帝利为贵族(掌管政治和军事)、吠舍由

工商业者组成，第四种姓（首陀罗）则留给达塞人。为了让自己的地位合理化，婆罗门编造出这样一种解释：从造物神的嘴演化出婆罗门，从手生出刹帝利，从腿生出吠舍，从脚生出首陀罗。这种思想被内化进《吠陀经》的赞美诗中，在每一次的宗教仪式上和献祭时都会被大声朗诵，于是婆罗门的特权地位不断加固。

哇！原来是这样

种姓制度存在于印度及其周边国家和地区（包括尼泊尔、巴基斯坦、斯里兰卡、印度尼西亚）。在古代印度，统治者通过种姓制度达到有效地统治当地印度人民的目的，防止普通的老百姓有机会接触财富、权力与地位。种姓制度一直延续下来，渗透到社会生活的方方面面。印度独立以后，虽然种姓制度在名义上被废除，但在实际生活中它仍扮演相当重要的角色。

史海泛舟

婆罗门由神职人员和知识分子构成，刹帝利由武士和国家管理者构成，吠舍由工商业者构成，首陀罗由工匠和奴隶构成。此外还存在众多的贱民，又称为不可接触者，为第五种姓。该阶层社会地位极为低下，从事屠宰牲畜、清除粪便、搬运尸体等污秽职业，被婆罗门视为污秽不洁之人。印度社会还存在一部分没有种姓或被逐出种姓的人，这些人由于战争、迁移、违反种姓规定或犯罪等被开除出种姓集团，也归于贱民阶层。1950年，印度宪法明确废除贱民制之后，原来的低级种姓进一步区分为表列种姓、表列部落和其他落后种姓。表列种姓约占总人口的15.7%，表列部落约占总人口的7.7%，处于社会最底层。表列种姓只能住在村外，不能使用公共水井，不准进理发店、餐馆、学校和寺院等公共场所，也不允许经过高级种姓的住宅，人身安全得不到保障。表列部落则生活在偏远的山地和森林地区，长期与世隔绝，境遇更为悲惨。其他落后种姓约占印度人口的50%，与表列种姓和表列部落一起约占印度人口的75%。

为了让生活在底层的首陀罗和贱民能够忍受这种压榨，婆罗门提出因果报应和轮回转世的教义：如果你这辈子是农民、是杀猪的、是淘粪工，那么肯定是你上辈子坏事做多了；如果你下辈子想投个好胎，想过上婆罗门的生活，那么这辈子最好不要反抗，乖乖地履行现世的义务。这种教义让很多首陀罗和贱民看到了希望，他们甘愿忍受这一切。

  现在并不是所有皮肤黝黑的印度人都是低种姓的人，这是为什么呢？按理说雅利安人是白皮肤，他们包揽了前三个种姓，将第四种姓留给了黑皮肤的达塞人，不同种姓之间不可以通婚，那么达塞人是如何变成高种姓的呢？这是因为雅利安人会为了战争的胜利与达塞人的部落进行结盟，这就使得联盟部落的达塞人祭司可以成为婆罗门，达塞人部落的首领可以成为刹帝利，所以今天才能看见并非所有的印度高种姓都是白皮肤的雅利安人。

第二节 古希腊文明，神话与真实

古希腊最早的文明产生于爱琴海地区。古希腊文明包括克里特文明和迈锡尼文明。古希腊神话里许多引人入胜的传说都与这两个文明有关。古希腊的民主制度是怎样的？文明与神话有哪些关系？让我们走进克里特岛，探寻古希腊文明的起源。

一、你知道米诺斯王宫吗？

相传，希腊众神之王宙斯出生在克里特岛。后来，他被腓尼基公主欧罗巴的美貌吸引，化身为一头美丽的白牛，前往欧罗巴的家乡腓尼基。欧罗巴原本和好朋友们在草地上嬉戏，突然看到一头自己从未见过的俊美白牛正在埋首吃草，于是在好奇心的驱使下，走过去抚摸白牛。这头白牛温顺地躺倒在欧罗巴的脚旁，仿佛在示意她骑上自己的后背。欧罗巴刚一跨上牛背，白牛便立刻起身，迅速朝前奔跑，把欧罗巴的小伙伴们都甩在了身后。这头牛越跑越快，最后飞了起来，它载着欧罗巴跨越大洋，来到了克里特岛。在这个小岛上，宙斯现出了原形，用尽方法向欧罗巴展示自己的魅力。公主最终被宙斯征服，爱上了这个把她拐到岛上的男人，并且和他生下了三个孩子，其中一个名叫米诺斯。

米诺斯长大后，同另外两个兄弟争夺王位，最终取得了胜利。根据荷马史诗《奥德赛》的描述，米诺斯为了巩固王位，以证明自己的统治符合神明的旨意，便向海神波塞冬祈求神迹。波塞冬答应了他的请求，从海中升起一头白色的公牛，同时引导米诺斯找到了这头神牛，并要求米诺斯将神牛献祭给他。但是米诺斯动起了私心，擅自将这头稀有的白牛藏了起来。波塞冬得知此事后，勃然大怒，于是做法令米诺斯的妻子爱上了这头白牛，甚至和它生下了一个牛头人身的怪物，名叫米诺陶洛斯。米诺陶洛斯喜吃人肉，在克里特岛各地为非作歹。国王米诺斯毫无办法，只能想办法把他关了起来。

第二章 从尼罗河畔到爱琴海边

恰好在这一时期，雅典著名建筑师代达罗斯因嫉妒杀死了同为建筑师的侄子，逃难至克里特岛，寻求米诺斯的庇护。于是，米诺斯下令让他修建一座能够关押怪物米诺陶洛斯的迷宫，让怪物逃不出来。为了保命，代达罗斯按照国王的要求，修建了米诺斯迷宫，又被称为"米诺斯王宫"。

后来，米诺斯的爱子安得洛勾斯在雅典意外死亡。米诺斯被丧子之痛冲昏了头脑，出兵征服雅典，并且命令雅典必须每隔9年向米诺斯进贡7对童男童女，供米诺陶洛斯食用。26年后，米诺斯派人到雅典催索第三批贡品。雅典王子忒修斯挺身而出，决定到克里特岛除掉怪物，为雅典根除祸害。临走之前，他和父亲爱琴达成约定，如果平安归来，就会在船上扬起白帆。这位英雄到达克里特岛后，美丽的克里特岛公主阿里阿德涅与他一见钟情，送给他一柄魔剑和一个线团。就这样，忒修斯把线头系在迷宫入口处，手提魔剑，一路放线团进入迷宫深处，杀死了米诺陶洛斯。然后，他又循线团走出迷宫，找到阿里阿德涅，与她双双逃离了克里特岛。

由于神告诉忒修斯，阿里阿德涅命中注定是酒神狄俄尼索斯的妻子，忒修斯只能忍痛割爱，留下阿里阿德涅，独自返回雅典。返航途中，这位英雄沉浸在情伤之中，忘记了与父亲的约定，没有挂上白帆。爱琴远远地看到忒修斯的船上没有挂白帆，误以为儿子已经丧命怪物之口，于是绝望中跳海身亡。他葬身的这片海域因此得名爱琴海。

往事钩沉

米诺斯迷宫真的存在

1887年，德国考古商人海因里希·谢里曼仔细考察了克里特岛上每一块露出地面的陶片和石块，认为米诺斯迷宫的遗址就在距克里特岛北岸约4千米的克诺索斯。令人惋惜的是，为了发掘迷宫，谢里曼必须砍掉1612棵橄榄树，但他始终无法与土地所有者谈拢价钱，最后只能抱着莫大的遗憾与世长辞。

英国考古学者阿瑟·埃文斯接手了谢里曼的事业，将目标锁定在克里

特岛的一座坐落在高山与绿水之间的小山上。经过对浮土的清理，2.33 万平方米的米诺斯王宫重现于世人眼前。这座王宫与传说中的迷宫相吻合，其遗址规模宏大，位于伊拉克利翁南面。王宫依山而建，曲折起伏，中央是一个长方形庭院，长 51.8 米，宽 27.4 米。庭院的周围有 1500 多间宫室，坡度较高的西宫为两层楼房，地势较低的东宫则为四层楼房。庭院北面有露天剧场，西侧是长长的仓库，在王宫的东南面有阶梯直通山下。王宫的宫室和长廊、门厅等建筑相连，曲巷暗堂，忽分忽和；千门百廊，前堵后通。整座王宫错综复杂，一旦进去，很难出来，是一座真正的迷宫。

二、古希腊人都在哪里开会？

雅典的最高权力机关，就是公民集体开会讨论城邦事务的机构，叫作公民大会。大会的会场最初设在雅典的阿哥拉（古希腊语的音译，意思是"集市"），之后迁移至雅典卫城西边的普尼克斯山冈上，有时也设在狄奥尼索斯剧场或比雷埃夫斯港。公民大会每隔 10 天召开一次，只有成年的男性公民才有权参加。大会期间，参会者有权提出任何建议，并且可以共同讨论城邦的内政外交，甚至当众批评任何公职人员。大会召开时，每个公民都可以发表自己的提案，以供全体参会者表决，表决方式是举手或投小石头，原则是少数服从多数。

古希腊公民大会起源于公元前 11 世纪—前 9 世纪的荷马时代，当时被称为人民大会，由王或议事会召集，全体成年男子（战时为全体战士）均可参会，在会上讨论、决定部落各项重大议题，通常以举手或喊声方式进行表决。各个城邦建立后，希腊多数城邦设立此类大会，其中雅典的人民大会被称为公民大会，参会者为 20 岁以上的男性公民，由 500 人会议中的一个专门委员会召集，每年分为 10 期，每期召开 1 次（后增为 4 次），负责讨论、解决城邦重大事项，如战争与媾和、粮食供应、选举高级官吏、终审法庭诉讼等，通常采用举手表决的方式。公元前 5 世纪伯里克利当政时，公民大会每年召开 40 次，大会向与会者发放补贴，标准为每天两个奥波尔（古希腊货币单位，两个奥波尔约等于一个雅典公民一天的饭钱）。公民大会是全体公民各抒己见的场合，讨论的内容都是关系城邦命运的重大事务。雅典公民注重讨论和交流，除公民大会外，体育场、市场等各个地方都是他们讨论的场所。在希腊，随处可见半圆形剧场，参会者围坐在半圆形的观众席上，演说者站在半圆剧场的圆心位置发表演说。演说结束后，全体参会者便会进行热烈的讨论，最后投票表决。

趣闻联播

民主制度真的完美无缺吗？

在雅典，人们为了防范强权人物破坏民主制度，发明了"陶片放逐法"——在公民大会上，公民如果觉得城邦内有人可能会对民主制度产生威胁，甚至可能成为潜在的僭主，就可以把这个人的名字写在陶片或贝壳上，然后进行投票。一旦一个人的得票超过了6000，此人就要被放逐国外长达十年。

"陶片放逐法"的初衷是防止专制出现，结果却事与愿违。由于部分公民不了解城邦事务，对传言与事实缺少分辨能力，在投票时往往人云亦云，只会写上自己听说最多的人名，这样一来，对雅典贡献最大、名声如雷贯耳的大人物往往得票最多，最终成了被放逐的对象。雅典著名政治家阿里斯德岱斯就深受其害。在一次公民大会上，阿里斯德岱斯被一个陌生的男人叫住了。这个陌生男人告诉阿里斯德岱斯，自己要参与陶片放逐法的投票，但是不会写字，能不能请他帮自己在陶片上写一个名字。"那你要写谁呢？"阿里斯德岱斯问道。"能帮我写上阿里斯德岱斯的名字吗？"阿里斯德岱斯惊讶地问："你为什么要写这个名字呢？"这个男人回答说："不为什么，我甚至不认识这个人。但是到处听人说他是个大人物，是正义之士，我只是听烦了。"于是，阿里斯德岱斯帮助他写好了陶片。也正是在这一年，阿里斯德岱斯被放逐了。事实上，对于雅典人来说，阿里斯德岱斯是一位英雄，曾领导雅典人赢得了著名的马拉松战役，击败了强敌波斯大军。但是，雅典公民依然放逐了他。有意思的是，3年之后，波斯国王薛西斯率大军杀来，雅典人赶紧又把阿里斯德岱斯请回来。

三、古希腊的雕塑美在哪里?

在整个西方美术传统中,古希腊雕塑占有十分重要的地位。希腊艺术是理想主义的、简朴的、强调共性的、典雅精致的,用外在的形式表现内在的力量,西方美术崇尚的典范模式可以说都是从古希腊开始的。希腊古典时代的三大雕塑家是菲狄亚斯、米隆和波利克里托斯。

古典时代最伟大的雕刻家是菲狄亚斯。他是欧洲古典雕刻艺术高峰的代表,与伯里克利的交情很深。在重建雅典卫城时,他被委任为负责艺术装饰的总设计师。他创作了卫城内大量雕刻和装饰浮雕,他的作品塑造了典雅、静穆的形象,是古典雕刻的理想美的典范。他为帕特农神庙创作的雅典娜女神像高达12米,为帕特农神庙的东、西三角楣所创作的高浮雕被当作古典雕刻最完美的标本,其中《命运三女神》中的女神姿势优美,衣纹生动,既衬托出女神丰腴的体形,又具有流动柔美的运动感。

米隆善于运用写实的手法创造性地刻画人物在剧烈运动中的动态,他在雕塑中所体现出来的完美的艺术技巧,是许多后世的雕塑家们所望尘莫及的。他的作品大多表现的是传说中的神、英雄和运动家、动物等,但原作都已遗失,现在我们看到的都是罗马时期的复制品。据说米隆本人曾受过良好的体育训练,力大无穷,能肩扛公牛,所以他对体育有着真切的感受,这为他创作优秀的体育类雕塑作品提供了很好的生活体验。他的代表作品有《掷铁饼者》与《雅典娜和玛息阿》等。

波利克里托斯的代表作为《荷矛者》(即《执矛者》)、《受伤的亚马孙人》、《运动者》。《执矛者》表现的是一名体格健壮的运动员形象,《受伤的亚马孙人》则展现了亚马孙神话传说中受伤女战士沉着坚韧的形象。其作品造型优美,均将重心落于足部,加强了作品的稳定感。但遗憾的是,以上青铜原作均已失传,仅存罗马时代的大理石仿制品。波利克里托斯的主要贡献在于他对人体结构的深入探索,他认为最理想人体是头与全身的比例为1:7,并以此为原则创作了许多作品。他还从力学的角度出发,进一步解决了人体重心和各种动态之间的关系问题,因此他的作品中人体结构和动作的处理非常准确,表现出一种力量的美。尽管与菲狄亚斯相比,波利克里托斯的作品缺乏高贵、肃穆和内在之美,但他对人体比例和构图均衡方面的探索,对希腊雕塑的发展具有非常重大的意义。

希腊化时代，表现女性人体美的雕塑日渐增多，对爱与美之神阿弗洛狄忒，也就是维纳斯的歌颂更是层出不穷，其中最为著名的雕像就是米洛斯的《维纳斯》，它已经成为赞颂女性人体美的代名词，是古希腊艺术进入高度成熟时期的经典之作，体现着古希腊的人文主义精神。《胜利女神像》也是希腊化时代留存下来的著名杰作，被奉为稀世珍宝，但作者已无从考证。该雕塑又名《萨莫色雷斯的胜利女神》，现保存在法国国家艺术宝库——卢浮宫中，是"卢浮宫三宝"之一。

参考文献

[1] 施瓦布. 希腊神话 [M]. 立人, 译. 成都：天地出版社, 2017.

[2] 斯塔夫里阿诺斯. 全球通史：上册 [M]. 北京：北京大学出版社, 2022.

[3] 陈与. 埃及金字塔和雕刻狮身人面像 [J]. 重庆与世界, 2012（10）：64-69.

[4] 姜天海. 古语之钥：罗塞塔石碑的奥秘 [J]. 科学新闻, 2015（3）：94-96.

[5] 毛卫民, 王开平. 文明之初的文字与铜器 [J]. 金属世界, 2022（3）：1-8.

[6] 于殿利.《巴比伦法》的人本观初探：兼与传统的"同态复仇"原始残余说商榷 [J]. 世界历史, 1997（6）：68-74.

[7] 谭融, 吕文增. 论印度种姓政治的发展 [J]. 世界民族, 2017（3）：1-8.

[8] 颜刚威. 古代印度种姓制度的历史溯源 [J]. 知与行, 2019（3）：140-144.

[9] 刘艺工, 张卫良. 试论古代雅典的立法和民主政治 [J]. 兰州大学学报（社会科学版）, 2001（5）：98-104.

[10] 杨勇, 金宝丽. 论古代民主政治在雅典城邦的兴衰 [J]. 哈尔滨学院学报, 2007（11）：74-77.

[11] 苏洋. 高贵的单纯，静穆的伟大：解读古希腊雕塑艺术 [J]. 美术教育研究, 2013（14）：34.

[12] 齐宇飞. 从古希腊雕塑艺术看希腊的人文精神 [J]. 科技信息（科学教研）, 2007（31）：196.

第三章
从西罗马的废墟到东罗马的荣光

第三章　从西罗马的废墟到东罗马的荣光

第一节　黑暗时代，信仰时代

在西方，流传着这样一句名言"光荣属于希腊，伟大属于罗马"。可以说，古希腊文明与古罗马文明作为西方文明的源头，对西方的历史发展及思想文化产生了深远的影响。在我们的日常生活中，"条条大道通罗马"这句谚语更是如雷贯耳。古罗马文明到底有哪些风采？让我们走进罗马，了解这个古老的国度。

一、罗马的历史和一只母狼有什么关系？

古罗马建城的传说与古希腊有着密切的联系。事情还要从特洛伊战争说起。对，就是古希腊人使用"木马计"击败特洛伊人的那场战争。特洛伊陷落后，特洛伊国王的女婿埃涅阿斯带着少数幸存者从海上逃亡，一路颠沛流离，最终来到了意大利中部的拉丁姆地区。后来，埃涅阿斯娶了当地国王拉丁努斯的女儿，同时命令特洛伊人与当地的部族通婚。为了感谢拉丁努斯的收留之恩，埃涅阿斯还用拉丁努斯的名字为部族命名，将族人称为"拉丁人"。埃涅阿斯去世后，他的儿子阿斯卡尼俄斯继承了王位，并在 30 年后离开了这片生活了多年的地方，修建了一座新城——阿尔巴隆加城。从此，王位在这里一代代地传下去，这中间的故事大多是罗马人穿凿附会的传说，在此就不一一展开。等到王位传到第 15 位国王时，国王的弟弟篡夺了王位。这位心狠手辣的新国王为了防止老国王的后人复仇，将老国王家的所有男丁赶尽杀绝，只剩下还没有结婚的国王女儿了。但新国王仍然不放心，于是让老国王的女儿做了侍奉灶神的维斯塔贞女，因为贞女终身不可以结婚，也就不会有后代。新国王的小算盘打得叮当响，但令他意想不到的事情发生了。

有一天，在完成祭神的工作后，公主躺在河边睡着了。恰逢此时，战神马尔斯经过她的身边，对她一见钟情。随后公主便怀上了身孕，最终生下一对双胞胎。公主的叔叔，也就是篡位的新国王得知此事后非常震惊，他害怕两兄弟长大

后会为老国王报仇，于是将公主关进了大牢房，同时把双胞胎兄弟装进一个木桶里投到了台伯河里，想让他们自生自灭。木桶在台伯河中顺流而下，一直漂到河口附近，被河边的草丛挡住了去路。婴儿在桶里大声哭闹，哭声传到了正在附近徘徊的一匹母狼的耳朵里。这匹母狼把自己的乳头塞进两个婴儿的嘴里，把两个男孩从死亡线上救了下来。后来，一位羊倌在放羊时发现了两兄弟，将他们带回家抚养，分别取名为罗穆路斯和瑞莫斯。

罗穆路斯和瑞莫斯渐渐长大，成了当地羊倌的领袖。随着他们知道的事情不断增多，渐渐地了解到自己的身世。最终，兄弟俩带领手下的羊倌们攻占了阿尔巴隆加城，杀死了篡位的国王。但不幸的是，他们的母亲不堪牢狱生活的折磨，已经不在人世。兄弟俩没有留在阿尔巴隆加城，而是回到了从小长大的地方——台伯河下游，决定在那里建一座新的城市。

城市建好后，用谁的名字给这座新城命名成了一个难题。这时候，哥哥罗穆路斯提出一个解决方法——两人抬头看天空，谁抬头时天上飞过的鸟最多，就用谁的名字为城市命名。弟弟瑞莫斯认为这是一个公平的解决方案，于是同意让哥哥先数。罗穆路斯数完后，瑞莫斯便天真地抬起头认真地数起鸟来，不料罗穆路斯突然变脸，杀死了瑞莫斯。至此，这座新城便只能用罗穆路斯的名字命名了。

往事钩沉

罗马"七丘"

罗马城又被称为"七丘之城"，因为城界内有七座山丘，分别是奎里尔诺山、维弥纳山、埃斯奎里山、卡匹托尔山、帕拉蒂尼山、西里欧山和阿文庭山。山丘与山丘之间的平地在当时还是一块又一块的湿地。罗马七丘中，卡匹托尔山最适合居住，不只因为它最靠近台伯河，还因为此山三面都是陡峭的悬崖，易守难攻。但是，这座山丘有一个明显的缺陷，就是山顶的空地过于窄小。最终，罗穆路斯选择了帕拉蒂尼山，此丘虽不是最高的，但山丘顶部的面积足够大，而且距离台伯河相对较近。卡匹托尔山则作为诸神的住处。阿文庭山处于罗马七丘中的最南端，远离尘世，被杀的瑞莫斯曾占据阿文庭山。

二、你知道公历与罗马的关系吗？

罗马的第一任国王罗穆路斯和他的孪生兄弟瑞莫斯创立了最早的古罗马历。古罗马历以春分为开始，一年有 10 个月，共 298 天。大约公元前 713 年，罗马的第二任国王努马·庞皮里乌斯在原来古罗马历的基础上加了两个月，把一年变成 12 个月。公元前 46 年，盖乌斯·尤利乌斯·恺撒在征服埃及后引入了古埃及历法——太阳历，在此基础上创立了儒略历，并做出如下规定：单数月有 31 天，双数月有 30 天，二月有 29 天，每四年一闰，闰年的二月有 30 天。如今英语中的月份名称和罗马有着密切的联系，具体如下。

一月（January）：雅努斯（Janus）是掌管罗马城门和家门的双头门神，执掌着"开始"和"结束"。古罗马人认为一月是新年之门，应当由门神雅努斯负责开启，为他们带来吉祥，因此一月成了雅努斯月。

二月（February）：在古罗马历法中，二月是最后一个月，人们会在最后一个月举行盛大的净化身心的仪式，即牧神节。在庆典中，有一项经典的活动是一些年轻人手持细长的羊皮鞭，轻轻抽打街上妇女的头，祝福她们多子多福。在拉丁语中羊皮鞭叫 februa，二月的名称由此而来。

三月（March）：在罗马，敌对双方非常有默契，他们冬天休战，春天开战，三月便是他们的战争月，以战争之神马尔斯（Mars）的名字命名。

四月（April）、五月（May）、六月（June）：分别以农作物的生长周期命名，意思是 aprilis（发芽）、maius（滋长）、junius（茂盛），其中 June 一词来自罗马神话中天后朱诺（Juno）的名字，该神是婚姻与女性之神，用她的名字给六月命名，寄托着"作物丰产"的寓意。

七月（July）：七月原名为 Quinctilis，但是罗马的伟大领袖盖乌斯·尤利乌斯·恺撒（Julius Caesar）出生于 7 月 12 日，罗马人民为了纪念他，在他被暗杀后把七月 Quinctilis 变更为 July。盖乌斯·尤利乌斯·恺撒是人类历史上第一个由剖宫产生出来的人，因此剖宫产的英语为 caesarian operation。

八月（August）：罗马人为了庆祝罗马奥古斯都建立元首政治的功绩，把第六个月称为奥古斯都月。人们发现皇帝月只有 30 天，便把处决犯人的二月的最后一天挪到八月，把七月和八月都变成了 31 天。

九月（September）、十月（October）、十一月（November）、十二月（December）：九月到十二月没有大事发生，所以只用简单的拉丁文序数词命名，分别是拉丁文中的第七到第十。

三、恺撒是皇帝吗？

在恺撒遇刺前的两个月，发生过一件有趣的小事。彼时恺撒的权力已经达到顶峰，在一次回城时，夹道欢迎的民众皆称他为王，而恺撒则答道："是恺撒，不是王。"拉丁原文为：Caesarem se, non regem esse[①]。

1582年的日历上为何会少10天

如果我们翻查日历，会发现一个很奇怪的现象，那便是1582年10月少了10天，即10月5日至14日这10天并不存在。这一切，还要从儒略历与回归年的偏差说起。

恺撒重新制定了儒略历。在儒略历中，平年的2月为29天，每四年设置一个闰年，闰年的2月则为30天。如此一来，每个平年便有365天，而每个闰年则有366天。虽然儒略历已经极为接近现代历法，但实际上距离回归年还有一定差距。儒略历以四年为一个轮回，四年共有$365 \times 3 + 366 = 1461$（天），平均每年365.25天，距离回归年的365.242199天有约0.007801天（即11分14秒）的偏差，也就是每128年会有一天的偏差。

到16世纪时，已经推行了十几个世纪的儒略历的偏差越来越大，原本每年约11分14秒的偏差，经过长期的累积，已经达到了10天。这对确定复活节造成了严重困难，因此时任教皇的格列高利十三世最终决定对儒略历进行一次校正，但面临两个问题：一是儒略历推行以来多出的10

---

① Caesarem 是 Caesar 的宾格形式；se 是反身代词，在这里也是宾格；non 是否定词，表示"不"；regem 是 rex（国王）的宾格形式；esse 是动词 esse（是）的不定式形式。

第三章 从西罗马的废墟到东罗马的荣光

天该怎么办,二是如何一劳永逸地解决这个问题,以防止今后再度出现相似问题。对于第一个问题,克拉维斯建议通过颁布官方声明,将这10天抹掉,确保将儒略历拉回到与回归年一致。于是,教皇于1582年2月24日颁布教皇训令,将1582年10月5日至14日抹掉,于是这10天便从历法上消失了。也就是说,1582年10月4日结束后,第二天便变成了10月15日。对于第二个问题,相对复杂一些,毕竟想要一劳永逸地解决这个问题,就必须有一套行之有效的历法运行规则,而且这个规则还不能太过复杂,要方便人们的推演。经过缜密计算之后,克拉维斯委员会提出了一年有365.2422天的方案,这比儒略历的365.25天要更为接近回归年的实际天数。为此,克拉维斯委员会对儒略历中"四年一闰"的规定予以校正,在"四年一闰"的基础上,规定整百年不闰,直到第四百年才是闰年。也就是说,普通闰年只要年份是4的倍数就可以,但到整百年时必须是400的倍数才是闰年。

在古罗马时期,"rex"一词不仅象征着至高无上的君主,同样也是一个尊贵的姓氏,类似于我们中文的"王"姓。罗马的马奇乌斯家族(Marcii)自豪地宣称自己是罗马先王安库斯·马尔基乌斯(Ancus Marcius)的直系后裔。这个家族在共和国时期有着举足轻重的地位,其成员曾担任过神圣的祭仪王(rex sacrorum)职位。其中一支家族的成员甚至将"rex"作为自己的姓氏,以彰显其显赫的家世。著名的马奇亚引水渠(aqua Marcia)便是马奇乌斯家族的一位成员所建造,至今仍是罗马工程史上的杰作。

"王"姓与"国王"之间的双关用法在古罗马社会早已存在。在恺撒大帝的时代之前,西塞罗与他的政敌克洛狄乌斯之间就曾有过一场充满机智的辩论。克洛狄乌斯讽刺地问:"我们还要忍受这位王爷(骑在我们头上)多久?"(quousque hunc regem feremus)西塞罗巧妙地回应:"你称他为王老爷,但王老爷在遗嘱中可没有提到你。"(Rex tui mentionem nullam fecerit)暗示克洛狄乌斯试图通过不正当手段获得马奇乌斯·王家的遗产,但并未成功。这种巧妙的双关用法,后来也被罗马诗人贺拉斯所采用。

对于恺撒来说，运用"王"的双关语更是游刃有余，因为他的祖母正是来自马奇乌斯·王家族。在恺撒的政治生涯初期，他在姑姑的葬礼上宣称自己家族拥有马奇乌斯·王家传承的罗马先王血统，这一宣称无疑为他的政治生涯增添了一份传奇色彩。

民众说的是"国王"，恺撒装作自己理解成了"王姓"，这便将对共和国来说极其敏感的"国王"头衔转化为一个姓氏，巧妙地维护了罗马的共和政体。自从王政时代的最后一位国王——"高傲者"塔克文被驱逐后，罗马便没有国王，而是采用了共和政体。公元前509年，罗马建立了共和国。国家统治的决策权掌握在由300名贵族组成的元老院手里，两个权力相等的执政官主持日常政务，公民大会是形式上的最高权力机关。平民同贵族进行了长期斗争，争取了许多政治权利。罗马设立了平民自己选出的两名保民官，有权否决执政官与元老院提出的对平民不利的决议。公元前450年左右，罗马颁布了成文法，这部法因刻在十二块青铜板上，所以被称为《十二铜表法》。《十二铜表法》涉及诉讼程序、所有权和债务权、宗教法等内容，使量刑定罪有了文字依据，在一定程度上遏制了贵族对法律的曲解和滥用。

往事钩沉

前三头同盟

前三头同盟是罗马历史上第一个集体军事独裁统治的同盟。斯巴达克起义被平息之后，罗马的3名实力派人物——庞培、克拉苏和恺撒出于政治需要，于公元前60年结成秘密政治同盟，共同对抗元老院，史称"前三头同盟"。根据三头的协议，恺撒担任公元前59年执政官。公元前56年，三头在路卡会晤，弥合了同盟之间的裂痕，达成重要协议：延长恺撒担任高卢总督的期限；庞培和克拉苏出任公元前55年执政官，期满后分别担任叙利亚和西班牙总督。前三头同盟是在个人独裁条件不成熟情况下形成的少数人独裁。

第三章　从西罗马的废墟到东罗马的荣光

第二节　庄园经济，城市自治

你一定读过《格林童话》吧？故事里常出现"美丽的公主""英俊而惨遭陷害的王子""高大巍峨的城堡和生机盎然的森林"，还有"帅气的骑士""邪恶的女巫"等。19世纪格林兄弟收集整理了许多中世纪的民间故事，改编成为今天我们看到的、适合儿童阅读的故事。

那么，什么是"中世纪"呢？这是一个历史概念，直到17—18世纪欧洲思想界发生"启蒙运动"时才出现。中世纪始于476年西罗马帝国灭亡，大致对应中国南北朝时期。伏尔泰等启蒙思想家认为在西方文明的发展中，在光辉灿烂的古代和光芒四射的现代之间，有一个没有光明、停滞落后的时代，因为从同时期整个世界文明来看，它比不上东方的中国文明和印度文明。

一、欧洲的国家是如何诞生的？

1. 西欧的"封建等级制度"

被视为蛮族的日耳曼人在向欧洲迁徙的过程中，生活方式发生了重大变化。进入罗马以前，他们还处在部落状态，定居下来后不需要那么多人打仗了，战争就成了其中一小部分人的事情，原先部落状态下的军事领袖因功劳慢慢获得固定地位，这便是"王"。

王周围有一批专门的战斗人员，在需要时为他打仗，这些人从一般部落中分化出来，成为专职的武士，他们从王那儿获得土地的受封。起初，他们只是终身占有土地，后来土地不再重新分配，便成了可继承的家产，这些人逐渐成为贵族。"部落"转变成"国家"。

这些贵族在接受封地的时候就承担了保卫王室的职责，但依靠个人的力量显然不够，于是他们模仿王的分封方式，吸引更多的人跟随自己作战，捍卫自己的势力，甚至是与王作战。由此，形成西欧的"封建等级制度"。与中国不同的是，中国的"封建专制"维护着皇权大一统，而西欧的"封建"——土地的权力（包括经济权、司法权、治安权、警察权、铸币权、军事权等）全都转移到土地受领人手里。随着土地的分封，权力便从封主手里转移出去。在这种制度下，权力只会更加分散。

> **趣闻联播**
>
> 随着物质条件的好转，中世纪早期粗俗、凶悍的武士渐渐被风度翩翩的骑士所替代。
>
> 骑士属于社会贵族阶层，他们获得封地，并为领主作战。一个男孩成为骑士要经过14年的艰苦训练。在训练期间，受训的男孩最初要跟随领主夫人担任侍童、学习礼仪，之后要学习"骑士七技"（游泳、投枪、击剑、骑术、狩猎、弈棋、诗歌），合格后才能受封成为骑士。
>
> 骑士通常骑着装饰华美的马，穿着量身定做的盔甲，装备有长矛、佩剑、轻型盾牌；要遵行"骑士精神"，效忠国王或领主，保护教会和妇孺，英勇作战等。

2. 西欧的庄园制

中世纪出现了"庄园"的概念。庄园与村庄不同，村庄是自然形成的，庄园是人为划分的领地，一个庄园可以是一个村庄，也可以由好几个村庄共同组成；反过来，一个村庄可以属于一个庄园，也可能属于不同的庄园。每一个庄园都有庄园法庭，庄园法庭对这个庄园的所有农民拥有裁判权，通过裁判，贵族行使作为领主的管辖权。庄园法庭按照某些规矩进行裁判，这些规矩是在长期习惯的基础上形成的，是每个庄园各自的习惯做法，叫作"习惯法"。它们不是现代意义上的法律，不需要由专门机构制定，并且每一个庄园都有自己的习惯，几乎没有两个庄园完全相同。同一桩盗窃案，不同庄园法庭的裁决可能存在很大差别。

尽管一旦将土地分封，国王就丢掉了封地治理权，他不能插手或干预任何一个庄园内部的事务，但国家中还是有一些事是单个的庄园或领地解决不了的，包括领地、领主、贵族与国家之间的事,这就不得不请国王出面裁决。这样,国家也必须要有由国王制定的"国家法律"。观察国王制定的法律能在多大程度上得到执行,便可以看出这个国家统一的程度,毕竟"权威"意味着"统一"。

当一个贵族得到一片土地后,他会把土地分为两部分:一部分是自己用的,称为领主自用地;另一部分会分成若干小块,交给庄园里的农民种植经营,这些就是农民的份地。农民拿到份地后,也必须到领主自用地上去干活,按照习惯,一个星期需要到领主自用地上工作三至四天,农忙时还要再加一两天,但一个星期只有七天,第七天属于上帝,要去教堂祷告,三四天再加一两天,一个星期不就没有了?领主自用地上的收成必须全部交给领主,农民不可以拿走一粒粮、一根草。这些农民更接近农奴,他们不能离开土地;换句话说,他们出生在哪里,就一辈子待在哪里,不可以随便走出庄园,除非得到领主的同意。所以在那个时代,大部分人从来不离开自己的出生地,如果有农民想逃跑,抓住了就被打得死去活来。有趣的是,一旦有人逃出庄园,能够躲过领主的追捕一年加一天,他就自由了,领主就不可以再追捕,他可以到任何地方,做任何自己想做的事。不过"自由"的农民生活并不会很好,除非打家劫舍做强盗。除此之外,还有一个可以容纳逃亡农民的地方——"城市"。

二、为什么说"花朵"开在"废墟"之上?

恩格斯说过,"城市是中世纪的花朵"。

中世纪西欧的城市主要有两个来源:一是幸存的罗马城市,二是新兴的日耳曼城市。从出现的时间和地区上来看,最早的城市出现在意大利北部和法国南部。中世纪初,"蛮族"(日耳曼人)住惯了北德意志的茅草棚,住不惯古罗马的城市,他们一路走一路抢,并不想定居;看见罗马人盖的石头房子,晒不着太阳也吹不着风,觉得不自在,情愿在华丽的大房子旁边盖起小棚子。

待日耳曼人定居下来,庄园逐渐形成自给自足的自然经济,几乎所有生活用品都可以在庄园里自产自销,商业交易并不必要,城市规模也越来越小。久而久之,石制建筑倾颓,古罗马的辉煌城市变成了残垣断壁,新的中世纪城市兴起。

逃亡农民是新兴城市最初的居民来源之一。他们只要在城市住满一年零一

天,就可以取得自由人身份。城市兴起之初,城市手工业者为了对抗封建势力的侵犯,避免逃亡农民的竞争,保护本行业共同利益,各行业建立了同业团体组织行会。行会通过市政当局阻挠外来商人和手工业者的活动,又严格规定本行业的制造工艺、产品规格、原料的质地和用量、各作坊人手的多寡。行会正式成员是作坊主,称为"师傅"。作坊内还有学徒,学徒期满成为帮工,这时为师傅干活可取得报酬。帮工通过行会组织的技术考核后取得师傅资格,然后可以独立开设作坊。

新兴的城市大体可分为三种类型,首先是为满足地方市场需要而生产的中小城市,这种城市各国都有,数量最多;其次是主要生产和经营某种专业产品的城市,其中,意大利的佛罗伦萨最具代表性;最后是主要从事国际贸易的商业城市,靠经营中介贸易起家,其手工业占次要地位,意大利的威尼斯、热那亚、阿马尔非和德国北方的汉堡、吕贝克等,都属于这一类城市。城市争取自治的斗争始于11世纪,直至13世纪,遍及西欧各地。由于城市的具体条件不同,斗争形式和斗争所取得的结果也不尽相同。大体说来,一种形式是比较富裕的城市常以大笔金钱从领主那里赎买自治权;另一种形式是通过武装斗争获得自由或自治权。经过曲折复杂的斗争,西欧城市大多摆脱了封建主的直接控制,取得了不同程度的自治权。自治城市享有行政、司法、财政和军事大权,俨然是独立的城邦。

自治城市只在名义上属于国王或大封建主,它们对领主的应尽义务仅限于缴纳一定数量的捐税,以及战时提供少量军队。它们根据城市法规选举自己的代议机关、市议会和市政官员。市议会是最高权力机构,城市的一切重大事项都由它讨论和投票决定。但是,并非所有西欧城市都获得了上述自由或自治权。

随着城市的发展,出现了以富商和富有手工业者为代表的城市上层和由帮工、学徒及破产手工业者等组成的城市贫民阶层,促进了欧洲社会结构的改变。

另外,城市内出现了一些规模较大的贸易集市,它们不仅进行区域性贸易,有些甚至还进行国际性贸易,一般每年举办一次或几次。随着地区性和国际性贸易的发展,欧洲逐渐形成两大贸易区。地中海贸易区主要经营奢侈品,意大利商人在地中海贸易区的东西方国际贸易中起主导作用;北海和波罗的海贸易区主要从事北欧和东欧的转运贸易。

第三章 从西罗马的废墟到东罗马的荣光

思维引领

宗教因素与经济因素构成了中世纪早期城市发展的动力。

基督教对城市的影响非常大。从4世纪起,随着基督教的合法化并进而成为国教,其对罗马帝国城市的改造作用变得深刻而长远。过去位于古代城市城墙外的墓地成为教堂所在地,并形成新的城市中心,因而中世纪的城市既是圣城,也是亡灵之城。而且,在教堂和修道院周围兴起的市场往往成为城市发展的起点。宗教与经济因素结合在一起,推动了中世纪城市的复兴。

德意志政治上的分裂状态对国内外工商业的发展极为不利,商人们经常受到封建主和骑士的勒索与抢劫。为保护商路的安全,对付外地商人的竞争,掌握垄断贸易的特权,有共同利害关系的城市建立了城市同盟。在13—15世纪,德意志主要有3个城市同盟:南方多瑙河流域的士瓦本同盟;西北方莱茵河流域的莱茵同盟;北方波罗的海沿岸的汉萨同盟。

而作为贸易载体的城市也如雨后春笋般地发展起来。巴黎、伦敦、科隆等城市的规模扩大了几倍,意大利的威尼斯、热那亚、米兰等更是人声鼎沸,居民在十万人左右。随着时代的发展,越来越多的人脱离了乡村,居住到城市中。城市成了中世纪欧洲发展至关重要的发动机,也是思想文化的交融碰撞之所。随着城市的繁荣发展,城市文化应运而生,为日后的文艺复兴奠定了基础。

不过中世纪欧洲城市的卫生情况并不好,道路坑坑洼洼,到处都是污水、垃圾以及人畜的粪便。街上看不到公共厕所,行人只好随地大小便。每逢雨天,水坑里积满雨水、污水和粪水,臭不可闻。那时人们很喜欢养动物,动物可以像人一样在大街上随便行走,猪、马、牛、羊经常外出散步,等到蹄子沾满污秽物再尽兴而归。人和动物的关系非常和谐,但有时也会发生不愉快的事情,偶尔还会发生惨剧。法国国王"胖子路易"(路易六世)的儿子有一次骑着马上街,遇到了一只到处乱窜的肥猪。这只猪肆无忌惮地在大街上横冲直撞,围着王储的坐骑跑来跑去。马受了惊,把法国王储从背上甩了下来,尊贵的王位继承人就这样殒

命了。愤怒的路易六世规定：从此以后，猪不可以在大街上随便乱走。动物不能自由上街以后，城市街道的卫生环境略有改善，但空气中仍然充斥着各种刺鼻的怪味。

由于卫生条件太差，人们很容易感染各种疾病。那时的人并不知道细菌为何物，竟然误以为身体生病是洗澡所致。他们坚信罗马大面积地暴发传染病是因为大家都喜欢到公共澡堂洗澡。中世纪人们普遍认为洗澡是堕落的根源，热水可使全身毛孔扩张，让各种病毒更快、更容易地侵入身体，所以上至王公贵族，下至平民百姓都不爱洗澡。优雅的绅士和高贵的淑女以终年不洗澡为荣，身上有了臭味，就大量施用香粉，香粉的奇异香味和浓郁的体味融合到一起，形成了一种古怪、复杂的味道。

人只有在一种情况下才会被迫接受沐浴，即在生病的时候。有的人做了有愧的事，惶惶不可终日，就会用冷水浴惩罚自己。身体和精神都健康的人不会随便沐浴。曾经有一个妇人，逢人便炫耀自己已经整整 18 年没有洗过脸了，这在当时是一件非常了不起的事，说明她的灵魂纯洁无瑕，不需要洗涤。从这个角度讲，中世纪依然是一个"灰暗"的存在。

三、为什么大学的兴起被认为是中世纪教育的"最美好的花朵"？

随着城市的发展和工商业的繁荣，各种学校逐渐出现在城市中，成为当时培养人才的摇篮和传播知识的基地，也是后来中世纪欧洲大学的基础。最古老的欧洲大学诞生于 12 世纪末至 13 世纪初，首先在博洛尼亚、巴黎和牛津出现。

严格来说，中世纪大学是由学生组成的社团或行会，而非像当今大学或学校一样的机构。10—11 世纪，随着生产力的发展，手工业逐渐从农业中分化出来，工商业城市逐渐兴起，如根特、布鲁日等工业城市，威尼斯、汉堡、吕贝克等商业城市。商人和手工业者占城市人口的绝大部分，全部或部分地获得了城市的管理权。他们纷纷成立行会，通过制定行业准入标准、集体抗争等方式，争取和保护自己的各项权益。

12 世纪开始，知识开始大量传入西欧，部分是由意大利传入，部分是通过西班牙的阿拉伯学者传入。这些知识包括亚里士多德等古希腊学者的著作，包括

第三章 从西罗马的废墟到东罗马的荣光

罗马法文本，也包括阿拉伯人的数学著作、医学著作等。同时，在修道院和教会学校里，教师用思辨的方法论证《圣经》的教义，形成了被称为"经院哲学"的神学和哲学理论体系。

中世纪大学起初都是单科大学，如萨莱诺大学为医科大学，博洛尼亚大学为法学大学，巴黎大学为神学大学，后来开始分设文、法、医、神四个学院。法学院、医学院、神学院为"高级"学院，文学院为"基础"学院。

哇！原来是这样

巴黎大学形成于12世纪初期，是欧洲最早的大学之一，被誉为"欧洲大学之母"。巴黎大学是学生和教师联合组成的。当时全校共设文艺、医学、法律和神学四个学科。在巴黎大学，文艺学科为普通学科，修业完成后可获得学士学位。只有普通学科毕业的学生才能升入神学、法律和医学三个高级学科，修完后可获得硕士学位。

牛津大学是英语世界中最古老的大学，它的诞生源于英法关系恶化。英国国王于1167年禁止英国学生在巴黎大学学习，英国学者开始向牛津汇聚。13世纪初期，牛津大学从罗马教皇手中获得了特许权。

中世纪的欧洲，城镇里的男女都穿长袍，寒冷的大厅和透风的建筑使得人们不得不披上长及地板并连着头巾（hood，又称兜帽、坎肩）的长袍。制作长袍的原料及其颜色由各人的财富和社会地位决定。既然在早期大学中的学者都是传教士，他们的穿着应与其在修道院的地位相一致，身上穿土褐色长袍，用头巾保护他们的头。于是，这种僧侣的长袍和头巾演变成了今天大学流行的礼服，不但用于学校毕业典礼的仪式，而且用于其他一些重大的庆典。

到13世纪时，大学课程逐渐由大学规程或教皇敕令固定下来，课程体系逐渐统一。法科分民法（罗马法）与教会法两科，民法以《民法类编》为法定教本，教会法以《教会法汇编》为正式课本；医科教材使用希腊人和阿拉伯人的医学著述；神科教材为《圣经》及经院哲学家的神学著作。当时的欧洲没有印刷术，所以教材昂贵，学生主要以租阅和抄写教材来学习。

中世纪大学也教授"文书艺术"。中世纪后期，随着封建社会的发展、经

济贸易的繁荣以及城市的兴起，社会需要大量的管理者、律师、医生、文书和牧师，他们需要接受准备信函、设计法律条文、起草公告和文件等方面的专门训练。

中世纪大学的教学方法以讲授、辩论和练习为主。讲授不是系统地阐述学科内容，而是由教师讲解一些选定的原文和对原文进行注释及评论。以辩论为主的教学方法使学生能言善辩，能够在布道、法庭听证和政府讨论中崭露头角。

在博洛尼亚大学，学生行会制定各项规则，被学生排斥在外的教师也组成了一个行会，称为"学院"，规定了入会的条件，以考试的方式决定是否具备条件。能否教授一门学科是证明自己是否精通这门学科的一种有效方式，不管以后从事什么工作，学生都希望通过教师行会考试，获得准许教书的证明，这种证明成为最早形式的学位证书，学位原来的意思就是"任教执照"。这时的学位还没有高低之别，硕士、博士和教授是同义语。

获得学位证书，意味着学生顺利毕业，需要举办学位授予典礼。学校给学生家长的信里这样描绘："'向主唱一首新歌，用各种管弦乐器赞颂主，为动听的声音而欢呼。'因为您的孩子已经举办了一次了不起的辩论会，参加者包括众多的教师和学生，他回答了所有的问题，没有出现一个错误，没有人能驳倒他的论证。他还举办了一次盛大的欢庆宴会，无论是穷人还是富人都被邀请参加，这种事以前从未有过。随后，他适时开办了讲座，这个讲座广受欢迎，其他教室的学生都跑光了，他的教室却人满为患。"而那些毕业答辩不成功的学生的评语是这样的："他在辩论会上不知所措，只能呆呆地坐在那里像一只待宰的羔羊。"

中世纪之前的一些学校也被称为"大学"，如古希腊的雅典大学，拜占庭帝国的君士坦丁堡大学，阿拉伯帝国的卡拉维因大学、科尔多瓦大学等。但真正意义上的现代大学起源于欧洲中世纪大学，因为在学校性质、课程制度、学位制度、组织制度等方面，中世纪大学与现代大学有许多一致之处。

从性质来看，大学是教师和学生的组织，其本质是"师生行会"，而不是固定的处所，师生在哪儿，大学就在哪儿。在课程制度方面，学习的时间和主题有明确的规定，学习结果通过考试进行检查。中世纪大学的学位制度也基本被现代大学继承下来。现代大学的学院、校长、毕业等组织管理制度，也可以追溯到中世纪大学。

第三章 从西罗马的废墟到东罗马的荣光

中世纪大学深刻影响了西方社会的文化。中世纪大学的课程和教学方式塑造了欧洲人说理论辩的思维习惯和学术传统，形成了主宰西方文化的专业知识分子阶层，促进了学术的发展。中世纪大学在保存和传播西方文化、促进人类文明进步方面发挥了积极作用。文艺复兴时期很多著名的科学家和思想家，如但丁、彼特拉克、马丁·路德、培根等都曾在大学任教。

在当时的历史背景下，中世纪大学不可能完全摆脱教会和宗教的控制及束缚。有些大学甚至直接被教会控制在手中，思想顽固守旧，排斥新兴的自然科学。文艺复兴之后，中世纪大学逐渐走向衰落，被近现代高等教育机构所取代。

中世纪的大学生与当代的大学生有许多相似之处，他们要上课听讲，要参加课堂讨论和毕业答辩，课下一起玩耍，也会相互争吵；他们要跟父母要钱买书、买鞋、买吃喝；努力的学生听话、谦恭、好学、刻苦，踊跃参加讨论，不努力的学生在教室里呼呼大睡；贫困的学生到处寻求救济，需要打工挣钱，常常买不起书本，富有的学生过着舒适甚至奢华的生活，有很多书籍却常常不看；他们喜欢选修教会法的讲座，因为这样他们在早上有足够的时间睡懒觉。

学生生活中也有温馨的一面：与同窗同学交流，生病的时候同学相互照顾，到同学的家乡游玩等。前辈给新生编写入学指南和学生手册，给予学习和生活方面的指导，包括如何用拉丁语问候老师、邀请老师、请假、为自己的不良行为辩解，如何为自己的迟到准备合适的理由等。手册中也描述了当时的社交礼仪：早晨要洗手，假如有时间也要洗洗脸；用餐巾或手帕；吃饭要用三个指头，不要狼吞虎咽；不要紧紧盯着你的邻桌或他的盘子；不要用餐刀剔牙……

往事钩沉

中世纪的大学不重视出身，贵族等出身名门者也不享受特权，教师都有权竞选校长或系主任。在中世纪等级森严的社会里，如此平等的机构极其少见。所以，上大学同当神职人员一样，是许多有一定经济实力的市民借以提升自己的社会地位，争取打入上流社会的重要途径。

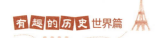

德意志的大主教、帝国诸侯尼科劳·封·屈斯就是通过在海德堡大学攻读法律,在科隆大学攻读神学,后来在巴塞尔宗教会议上担任红衣主教的秘书,最终获得成功的典型案例。

中世纪的大学生大多远离家乡,没有家庭责任的约束,虽然钱少,心里却很轻松,喜欢到处游玩:"他们希望浪迹天涯,遍访各处城市,但博学使他们变得疯狂;在巴黎他们学习人文学科,在奥尔良他们学古典,在萨莱诺他们学医术,到托莱多他们学魔术。"

史海泛舟

中世纪科学史专家爱德华·格兰特指出:"科学革命的根源可以追溯到中世纪……中世纪创造了一种智力背景,在这种背景中,自然科学才作为严肃的学科发展起来,它也提供了观念和方式,对这种发展起到了重要作用。"

十字军东征和翻译运动①给大学带回了大量的希腊和阿拉伯的科学著作,从12世纪初开始,各个大学普遍开设了欧几里得的几何学、托勒密的天文学、阿拉伯的哲学和科学,还有亚里士多德的物理学、伦理学、逻辑学等课程,这些课程为中世纪大学提供了本质上以科学为主的教育,为近代科学的产生奠定了深厚的基础。

在生活和求学的关系方面,中世纪的学生与现代学生的相同点要远远大于我们的想象。无论时代如何变迁,人类发展的基本要素都大致相同,而且,只要人类的特质和物质环境保持不变,人类发展的基本要素也会一直保持不变。金钱、衣着、宿舍、教师、书籍、好心情和好伙伴是所有时代、所有地方的人们都

---

① 阿拉伯的这场翻译运动历时二百多年,地跨亚洲、非洲、欧洲广袤地区,通过翻译介绍古希腊和东方科学文化典籍。

感兴趣的话题。中世纪欧洲大学的兴起为日后的欧洲科学与文化的繁荣奠定了基础。

四、为什么查士丁尼一定要编纂法典？

提起希腊，很多人想起诸多哲学思想，那么提起罗马，最值得称道的无疑就是它庞大严谨的法律体系。罗马法的集大成者，就是查士丁尼大帝组织编撰的《查士丁尼法典》。

司法制度是罗马帝国在人类文明史上的巨大成就，然而到查士丁尼一世继位时，历代在不同时期与场景中订立的法条已经出现自相矛盾的情况，损害司法机关乃至国家权威。查士丁尼立志整饬法律，成立了以法学家特里波尼安为首的十人编撰小组。他自己也热情地投入法典的汇编工作中。据说，他精力无限，当时罗马宫廷的下人们认定他被魔鬼附体，还有人声称曾在某天深夜见到查士丁尼从王座起身，摘下脑袋游走在宫廷走廊上。从这些夸张的传闻中足见查士丁尼渴望重塑罗马法威严的雄心壮志。

严格来说，广义上的《查士丁尼法典》包括四部分内容：《查士丁尼法典》《学说汇纂》《法学阶梯》《新律》。由于《查士丁尼法典》最早编成，也是后世罗马法律的核心，因此一般以《查士丁尼法典》作为这四部分的统称，也称《民法大全》《国法大全》。

《查士丁尼法典》收录了自皇帝哈德良（117—138年）后各代皇帝的敕令，共10卷，529年由查士丁尼大帝颁布。法典内容广泛，从公民人身权利、家庭监护关系、日常往来到遗嘱继承和诉讼流程，事无巨细，条分缕析，内容翔实而理据丰富，也的确做到了限定明晰公权和界定保护私权，在客观上更好地保障了自由民在罗马帝国的权益。例如，虽然法典保留了奴隶法，但取消了父母可以把子女卖为奴隶以补偿自己对他人的冒犯这一律例，一定程度上肯定了子女作为独立于父母的个体所应当拥有的合法权利。

此外，法典也颁布了一系列新法，如肯定妇女继承遗产的权利、丈夫如借高利贷必须得到妻子的两次同意、禁止以私刑杀害通奸的妻子、强奸罪最高可处死刑等。这些法规大大提高了罗马妇女的地位。

法典以"财产无限私有，神圣不可侵犯"为核心，以理性和法律至上为原则，遵循了古罗马法官乌尔比安的理念："法律的最高指导原则是，正直地做人，不伤害任何人，给予每个人应得的权益。"这也是为什么这部法典影响深远，至今不坠。当然，必须承认的是，由于法典诞生于奴隶社会，以现在的眼光来看，具有一定的局限性。如法典明确宣布皇权无限，确立了君权神授的原则；维护教会利益，强调了基督教的思想统治地位等。特别是，法典巩固了奴隶主的统治地位，强调奴隶必须听命于主人的安排，不得反抗，如不服从则处以重罚乃至死刑。

据此可见，法典立法精神中的平等概念也仅仅是自由民之间的平等，尚不能达到现代法律观念中"天赋人权，人人平等"的高度。查士丁尼编纂法典这一行为在他个人的主观考虑里，更多的是试图通过法律规范的系统化，达到巩固皇权和奴隶制度的目的。

《查士丁尼法典》在中世纪的欧洲得到复兴，并成为大陆法系民法典的鼻祖。美国众议院北墙以浮雕肖像纪念历史上曾对法律做出重大贡献的伟人，查士丁尼与他的十人小组组长特里波尼安，同汉谟拉比（颁布《汉谟拉比法典》）、拿破仑（颁布《拿破仑法典》）一起置身其中。20世纪初，《查士丁尼法典》的影响经日本延伸到中国，我国的一些法律在一定程度上采取了罗马法的原则。

往事钩沉

罗马对人类文明的改变常被概括为"三次征服"。

第一次征服是拉丁语。拉丁语本是意大利半岛一处的方言，随着罗马帝国的扩张，迅速成为当时西方世界的统治语言。直至17世纪，我们熟悉的法国的笛卡尔、英国的牛顿、德国的莱布尼茨，其伟大著作都是用拉丁语写成的，而不是用自己的母语。

第二次征服是罗马法。罗马文明从诞生之初就具有鲜明的法治特点，从古罗马的《十二铜表法》，到东罗马帝国时期的《查士丁尼法典》，罗马法经历了上千年的发展与完善，直至1804年拿破仑颁布《拿破仑法典》，

第三章 从西罗马的废墟到东罗马的荣光

仍是对罗马法这一伟大传统的继承。

第三次征服是基督教。虽然基督教在诞生之初遭到了罗马帝国的残酷迫害,但是基督教文明是借助罗马帝国的躯壳诞生并发展壮大的,乃至后来基督教成为罗马的国教,罗马教廷成为全世界基督教的中心。按照西方史学的划分,公元476年西罗马帝国灭亡,直到公元800年查理大帝在罗马教皇的加冕下重新称帝,基督教文明才全面取代了罗马文明。

五、拜占庭文化有哪些影响?

查士丁尼连年征战,耗费了大部分国力和人力,在他去世后,西亚、北非地区很快丧失。将近半个世纪,拜占庭帝国内外交困(政变不断、外敌入侵),经济崩溃,人口减少。

公元610年,年轻有为的军事将领希拉克略称帝,他于十月秋高气爽之时入主君士坦丁堡,揭开了拜占庭帝国新的历史篇章。希拉克略面对外敌入侵、四面告急的形势,大胆突破陈规旧习,推行社会改革,在帝国东部地区首先施行军区制,加强各军区首脑、将军的职权,这一制度适合当时形势发展的需要,对缓解外敌入侵的危机形势起了重要作用。此后,拜占庭帝国以农兵和小农为核心力量的农业得到发展,休养生息的政策使国库日益充盈,希拉克略就是凭借着东部军区提供的军力发动对波斯人的战争。军区制改革为拜占庭帝国的强盛奠定了基础,拜占庭帝国的国力在马其顿王朝统治时期达到鼎盛。

内政方面的成功在对外方面表现为战争和对外扩张上的节节胜利。在这个时期,整个帝国的军队在周边地区进行了一些比较稳定的扩张,这为内政的进一步稳固提供了基础,也就是创造了一个更安定的环境。在这个基础上,帝国实行了大规模的文化复兴运动,历史上称之为"马其顿文艺复兴"。

拜占庭帝国存在了1100多年,长期处在战争状态,它所有的近邻都曾在不同时期与之交过战并威胁其生存。但每当最危急的时候,杰出的拜占庭领袖就会一次又一次地出现,挽救这一生命力顽强的帝国。直到1453年,君士坦丁堡最

终陷落,拜占庭帝国走到了尽头。深厚的古希腊文化底蕴,罗马帝国的政治传统和地中海地区多样性的文化环境,成为拜占庭文化发展的基础。拜占庭帝国的得天独厚的地理位置,使它占有国际商业的优势地位,工商活动极为活跃。君士坦丁堡地跨欧、亚两洲,成为中古东西方贸易的集散地和地中海世界最大的商业中心。

拜占庭建筑艺术的代表性杰作是圣索菲亚教堂,其宽广的大厅占地5000多平方米,巨大的半球形穹顶距离地面50多米高。这座高大的建筑由查士丁尼一世建造,作为一种生动的、具有国际性的标志,反映拜占庭的强大,以及帝王和王后的威严。这一庞大的教堂及另外一些同时完成的耗资巨大的建筑给拜占庭造成了沉重的经济负担,但它的存在标志着拜占庭作为罗马帝国天然继承人的地位。这座建成于6世纪的高大建筑至今仍耸立在伊斯坦布尔。

作为圣智教堂的建筑奇迹,圣索菲亚教堂在征服者穆罕默德的命令下被改成了清真寺,并在广场四角修建了四座尖塔,也叫拜塔。它代表的拜占庭式建筑风格影响遍及欧洲和西亚,在西欧和俄罗斯发展出新的变种。

镶嵌画在拜占庭时期也达到了巅峰。在意大利拉文纳的圣维塔利安教堂中保存着6世纪的拜占庭镶嵌画,它们是目前世界上最完好的拜占庭镶嵌画代表作。

拜占庭人吸收了基督教和东方文化的精髓,使得他们的文化具有鲜明的特点,同时注定将持续许多世纪。

在意大利文艺复兴运动兴起以前,拜占庭文化像火炬一样照耀着欧洲和地中海世界,它一直处于当地各民族文化发展的前列,保持较高的水平,因此在文化发展相对缓慢的中古欧洲发挥了积极作用。

拜占庭文化自9世纪起即开始直接促进斯拉夫世界的文明发展,它对包括阿拉伯民族在内的周围其他民族的文化也产生了长期的影响,并推动中古时代不同文化间的交流。衰落时期的拜占庭文化还为意大利文艺复兴运动提供了丰富的古典文明的素材,为中古晚期的西欧注入了有利于未来发展的进步因素。

拜占庭帝国融合罗马帝国的政治传统、希腊文化和东正教,创造了具有独特风格的拜占庭文化。拜占庭文化是连接希腊、罗马古典文化和近现代欧洲文化的桥梁,它在西方文化发展史上起到承上启下、继往开来的重要作用。

参考文献

[1] 钱乘旦. 西方那一块土[M]. 北京：北京大学出版社，2015.

[2] 赵文彤. 欧洲简史[M]. 北京：中国华侨出版社，2020.

[3] 吴于廑，齐世荣. 世界史[M]. 北京：高等教育出版社，2011.

[4] 陈志强，徐家玲. 拜占庭帝国大通史[M]. 南京：江苏人民出版社，2023.

[5] 约翰·朱利叶斯·诺里奇. 拜占庭的新生：从拉丁世界到东方帝国[M]. 李达，译. 北京：社会科学文献出版社，2020.

[6] 徐家玲. 拜占庭文明[M]. 北京：人民出版社，2006.

[7] 陈志强. 拜占庭学研究[M]. 北京：人民出版社，2001.

[8] 王忠孝. 论"恺撒"之名号在罗马元首制时期的演变[J]. 复旦学报（社会科学版），2021（2）：70–80.

[9] 张弢. 大学之名的中世纪起源与考释[J]. 清华大学学报（哲学社会科学版），2014（4）：86–98.

[10] 李雅书. 古罗马的历法和年代学[J]. 北京师范大学学报（社会科学版），1986（5）：42–48.

[11] 张晓丹. 试论中世纪欧洲大学的兴起[J]. 学习与探索，1993（1）：127–131.

[12] 朱明. 多元视角下欧洲中世纪城市的形成[J]. 世界历史评论，2020（2）：40–45.

第四章
日出之国与新月之乡

第四章　日出之国与新月之乡

第一节　大化改新，幕府统治

日本在今天的世界政治和经济生活中发挥着重要的作用。在历史上，它曾经留下哪些足迹呢？让我们走进这个国家。

一、为什么日本被称为"日出之国"？

在浩渺的太平洋上，在亚洲大陆的东方，有一个南北绵延3000多千米的狭长群岛，如同一只海马，遥望着每日太阳升起的地方。在遥远的冰河时代，这组列岛与亚欧大陆之间有"陆桥"相连；随着冰河时代的结束，气候变暖，冰河融解，海面上升，陆桥沉入海里，列岛四面环海的地理环境最终形成。由于其地处亚欧大陆板块与太平洋板块的交叉地带，因此地壳变动剧烈，火山、地震频发。在这里，孕育着一个叫日本的国度，其重要的国家象征之一便是一座活火山——富士山。

大约距今一万年前，原始日本人进入新石器时代，因当时流行一种手工制作的绳纹花样的陶器，所以，日本的新石器时代又被叫作"绳纹时代"。人类学家、考古学家的研究显示，这个时代从公元前4世纪前后至公元3世纪后期，大致经历了七八百年。在这个时代有大批来自东亚大陆的移民，如古代中国人、朝鲜人等，经由朝鲜半岛进入日本，他们和当地的原住民通婚，其后代成为日本民族的祖先。外来移民带来了先进的稻作生产技术和生产工具，农耕生产的发展带来了生活水平的提高和人口的增长，日本进入"弥生时代"。

弥生时代中期以后，古代日本的社会结构也发生了明显的变化，出现了位居统治地位的首长、大人和位居被统治地位的奴婢。也是在这个时期，古代日本政权开始与东亚大陆上的中国王朝建立正式的外交关系。《汉书》卷二八下《地理志下》记载："乐浪海中有倭人，分为百余国，以岁时来献见云。"《后汉书·东夷列传》记载，光武帝建武中元二年（公元57年），倭奴国奉贡朝贺，光武帝刘秀赐以绶印。

3世纪末到4世纪时，在今天奈良县境内的大和盆地，出现了一个强大的王权，尊奉太阳女神"天照"为自己的主要保护神，依靠武力及与其他家族首领的联姻，这个王权在后来的一个世纪里逐渐统一了西日本地区，建立起统一的王国，被称作"大和国"。

大和国的历代大王和贵族们在各地修建象征统治者权威的大型坟墓，因此，4世纪至6世纪前后这段时期，在日本考古学上被称作"古坟时代"。这一时期，朝鲜半岛和中国南朝的一些知识分子和工匠迁居日本，带去了先进的文化和技术。大和朝廷按照一些工匠的职业，将他们编成服部、陶部等专业集团，促进了织布、金属加工、制陶、土木建筑等行业的迅速发展。

公元400年，朝鲜半岛的小国百济送给日本皇帝一个珍贵的礼品——中国古籍《千字文》的手抄本。405年，在日本王室的要求下，百济派作家王仁到日本，教授日本王储汉字，这标志着日本正式接受汉字作为自己的书面语言，汉字逐渐使用于统治者的记录、出纳簿和外交文件中，中国先进的政治制度也引起了大和统治者的兴趣，他们对制度进行了一系列改革，其中著名的有"推古朝改革"和"大化改新"。

二、如何理解"山川异域，风月同天"？

1. 大和设计者

说到大和国，就不得不提推古天皇和圣德太子。

推古天皇是日本第三十三代天皇，也是日本历史上第一位女性天皇，更是东亚最早的女性君主。推古天皇原名额田部，是钦明天皇的女儿，其母亲为当时权臣苏我稻目之女苏我坚盐媛。推古天皇年轻时姿色端丽，举止大方娴雅，于是被同父异母的哥哥——第三十代天皇敏达天皇立为皇妃，后又被册封为皇后。585年，敏达天皇去世后，用明天皇即位，她成为皇太后。

两年后，用明天皇突然驾崩，朝中大乱。混乱中，当时还是皇太后的额田部与舅舅苏我马子联起手来，一同将宿敌物部氏灭族，同时杀掉物部氏企图拥立的穴穗部皇子，改立泊濑部皇子（即崇峻天皇）为第三十二代天皇。崇峻天皇一即位，就显露出对苏我马子把持朝政的不满，引起苏我马子的记恨。苏我马子派刺客将崇峻天皇暗杀。崇峻天皇的教训让苏我马子觉得男子不好控制，遂将目光转向女子，显然没有谁比自己的亲外甥女更合适了。于是在苏我马子的鼎力支持下，推古天皇即位。

不过推古天皇并不像苏我马子想象的那般容易控制，她积极作为，改革朝政。她任命她的侄子、用明天皇的儿子厩户皇子为皇太子（圣德太子）。崇峻天皇遇刺时，厩户皇子曾一度参与皇位争夺，但推古天皇并没有因此排挤他，而是与其共商国是。她的大度胸怀和卓越政治眼光引来朝野上下一片称赞。

面对苏我氏的膨胀势力，她并没有一味纵容。当苏我马子向她求赐葛城县封地时，她不答应，并说道："你是我的舅舅，将国家的土地让给私人，后世的人不但会评价我是一个愚蠢的女人，也会讥谤你的不忠。"这番话有理有节，苏我马子哑口无言，只得作罢。

直到628年病逝，推古天皇一直从容斡旋于各大豪族与皇室之间，为后世的改革提供了稳定的政治环境。推古天皇也是日本天皇走向神坛的第一人。

推古天皇即位前，日本国内局势因为大和政权在朝鲜的战败而更加混乱。朝外，地方豪强兼并土地，部民[①]不堪重负纷纷逃亡；朝内，氏族大姓公然争斗，无视皇权，皇族力量薄弱。故圣德太子接到的第一个任务就是重整朝纲和社会法纪，重新建立天皇至高无上的权威。

传说，圣德太子出生不久就会说话，并能同时听十个人说话而不乱，所以家人又给他取了个名字叫"丰聪耳"。圣德太子聪明好学，尤其对来自中国的儒家典籍和佛教经文十分感兴趣，潜心研读。当政之初，为了更好地学习中国文化和在日本普及佛教，他拜高句（gōu）丽[②]僧人惠慈为师，又跟随百济博士觉哿学习儒家经典。在他们的教授下，圣德太子学到了佛、儒二义的同时，也学到了其他知识，为他日后的一系列改革打下了理论基础。

圣德太子受命后，有几项主要作为。

首先，制定了新的官位制度，即"冠位十二阶"。"冠位"为德、仁、礼、信、义、智六等，每等又分为大、小二阶。朝廷官员按照不同等级，戴十二种不同颜

---

① 部民是日本古代在皇室或贵族的领地上，世代从事农业或手工业劳动的近似奴隶的劳动者。
② 高句丽是存在于公元前1世纪至公元前7世纪的中国古代边疆政权，地跨今天中国东北地区与朝鲜半岛北部。

色的帽子。每一种帽子都用一种美德来命名，如红色帽子是"大礼"、蓝色帽子是"小仁"，其要旨在于这只是一种荣誉，没有职权，不能世袭。朝廷可以根据个人的才干和功绩来授予"冠位"，不必考虑出身门第。这一举措使普通人有了晋升社会上层的机会。天皇广纳贤良的同时削弱了世袭贵族的权力，为他们的醉生梦死、养尊处优敲响警钟。

其次，拟定了《十七条宪法》。这是日本第一部成文法典，核心思想是儒家的"三纲""五常"，内容强调天皇拥有绝对权威，要求官吏忠君尽职，君主治国则要爱民惜民、重视农桑。

最后，神化日本天皇。圣德太子为树立君主神圣不可侵犯的形象，宣扬天皇是神，借由道教辛酉年之说，编排"皇纪"以证明，将皇族历史向前多推算了大约一千年，并照此逻辑编修了《天皇记》《国记》《臣、连、伴造、国造180部并公民等本记》等史书。

圣德太子的改革另一个重要方面就是弘扬佛教。在推古天皇即位前，日本关于"是否信佛"的争论已持续多年，由此还引发了苏我、物部两家半个世纪的"神佛之争"。圣德太子本身属于崇佛派，他认为佛法可以更好地教化日本民众围绕在天皇的身边，忠于天皇。所以，在他摄政后，先以推古天皇的名义发诏书鼓励朝臣"兴隆三宝（佛教）"，然后以身作则，亲自注释佛经，广修佛院。他撰写了《三经义疏》，修建了四大天王寺、法隆寺、中宫寺等七座佛寺。统治者的示范在日本掀起了修建寺庙的热潮，一时之间，全国都在建立寺院，僧尼人数急剧增加。从此，佛教在日本落地发芽，代替神道教成为日本最大的宗教。直到16世纪，江户幕府将"朱子学"立为官学之前，佛教思想一直在日本社会占统治地位。

一系列的改革让日本的社会风气为之一新，也为圣德太子心中的另一个打算做好了准备。607年，圣德太子任命小野妹子为使节，访问隋朝。此次访问不同于往常，小野妹子身上携带了一封特别的国书，上面写道："东天皇敬白西皇帝。"意为日本君主与中国君主的地位等同，此次访问不再是朝拜。圣德太子此举旨在改变日本对中国政权历来的屈从关系，提高日本的国际地位，显示天皇权威。当时，正被农民起义弄得焦头烂额的隋炀帝接到这样一封国书，虽然心里不悦，但考虑到双方国内的处境，只好给予默认。

此外，圣德太子还派遣了8位留学生与小野妹子同行，这是日本向中国派遣留学生的开端。这些留学生长期在中国生活和学习,直至充分掌握中国的文化制度后方才回国,他们在日后的大化改新、律令及国家的建设中发挥了巨大的作用。

圣德太子的改革卓有功效,但因为顾忌氏族大姓,特别是苏我马子的权势,未能从根本上动摇氏族的统治。622年,48岁的圣德太子壮志未酬身先死。在他死后,已经积累起一些力量的皇族与苏我氏展开了激烈的斗争,并最终获得了胜利。

往事钩沉

大化改新

622年,圣德太子病故。推古朝改革的有限成就也濒于流产,大和政权越发不稳。

在这种情况下,日本皇室和中央大贵族中以中大兄皇子与中臣镰足为首的一批年轻有为之士,密切结交从中国归来的留学生,矢志以法制完备的大唐帝国为典范,革新政治,对日本社会进行根本性改革。经过精心的策划,他们于645年发动政变,先在殿前诛苏我入鹿,后逼虾夷举家自焚,一举剪除保守贵族的核心集团。掌握了朝廷大权的改革派推举博览中国典籍的年轻皇子继承皇位,称孝德天皇,年号大化;立中大兄为皇太子,摄领政务;以中臣镰足为内大臣,高向玄理、僧旻(mín)等为国博士,参与政要,从而组成以推进改革、建立中央集权国家为己任的坚强领导核心。

公元646年孝德天皇颁布改新诏书,仿效中国隋唐制度,进行改革。孝德天皇的年号是大化,因此这次改革在历史上被称为"大化改新"。

大化改新的主要内容是:第一,废除部民制,实行所谓的公地公民制,就是废除皇室的屯仓、贵族的田庄以及部民,把全国的土地和人民收归国有,变成"公地""公民"。第二,建立班田收授法①与租庸调制②。

---

① 班田收授法是律令制土地制度的根本法。
② 租庸调制是一种赋税制度,以征收谷物、布匹或为政府服役为主。

第三，建立中央集权制。中央设掌管祭祀的神祇官和总理政务的太政官，下设八省（部）分别处理具体事务，官员由中央任命，废除官职世袭制。地方设国、郡、里，分别由国司、郡司、里长治理。这样，把原有氏姓贵族统辖的大小诸国置于中央的直接控制之下。

2. 唐文化滋养下的日本

8世纪初，日本以中国唐王朝的都城为样板，在奈良建造了平城京，东西约5.9千米、南北约5.1千米；宽达90米的朱雀大路是都城的中央大街。大路北端是天皇的宫殿和中央官厅所在的宫城，城内的街道如棋盘状纵横交错，佛教寺院星罗棋布。据说，当时这个城市的人口有10万人。

710年大和王朝正式定都平城京，直到794年迁都到平安京，这段时期被称作"奈良时代"，是日本作为律令国家的兴盛时期。古代日本是以律令制形式建立起来的。中国唐朝有《永嘉律令》，日本有《大宝律令》，当时日本派遣的遣唐使看到中国的国家制度非常完备，他们认为在日本也应当设立这样的律令制度，正是出于这样的认识，在7世纪后半期至8世纪，日本成为律令制国家。这时，日本社会的成熟程度还远没有达到唐代的水平。尽管如此，日本全力以赴地效仿当时的大国唐朝，引进各种制度，努力建立一个不逊色于中国的国家，比如建立官僚制的统治机构，通过户籍来控制人民的制度，以及施行口分田的制度等，拥有这些制度的日本，就是所谓的律令制国家。

此时，正值中国唐王朝的兴盛时期，为了引入唐朝的先进制度和文化，在7世纪初至9世纪末约两个半世纪里，日本平均每12年向唐朝派出一批遣唐使，每次派出的遣唐使由400～500人组成，大致分乘在4艘船上，他们历经危险的海上航行冒死前往唐朝，在中国登陆后，还要步行或乘船抵达唐朝的都城。随行的留学生中，有的像井真成墓志中记载的那样，在唐朝勤奋学习，学业尚未完成却客死他乡，遣唐使就是这样历尽千辛万苦地学习唐朝的佛教知识和政治制度等各种事物。回到日本后，他们对日本古代文化的发展做出了重大的贡献。

794年，天皇将都城迁到今天的京都一带，取名"平安京"，直到19世纪中期,这里一直是日本皇宫的所在地。

10世纪初,盛极一时的李唐王朝灭亡了。这时,深受唐代文明滋养的日本文明也迎来创造具有日本独特风格文化的时期。国风文化是这一时期文化的统称,国风文化的中心在平安京,主要的代表人物都是公卿贵族,所以,这一文化具有城市性、贵族性和女性化的特征。当时日本的审美意识中最注重的是优美、纤细和简练。在国风文化的成就中,最引人注目的是日本假名文字的产生和发展。9世纪时,日本人根据汉字的草书体发明了平假名,紧接着又将汉字极端简化,创造了片假名,这些假名文字在10世纪后开始广泛使用。和歌、小说和宫廷日记等假名文学开始盛行。在国风文化中,女性扮演了重要的角色,在当时的文学领域中,涌现出一批优秀的女作家,她们大多是在宫中出仕女官的贵族千金。

11世纪初,由才女紫式部创作的长篇小说《源氏物语》代表了平安时代女性文学的最高水平。

到1192年镰仓幕府建立时,国家的实权,特别是军事权和全国的土地所有权已基本控制在武士阶级的手中,从此,武士把日本社会带入了一个新的阶段——武家社会。

三、幕府是一座府邸吗?

1."物语"说幕府

武家幕府统治日本长达675年,在这期间,幕府的最高首领——征夷大将军的任命,名义上还要得到天皇的准许,但天皇实际上已大权旁落,失去了对国家的统治权,成了一种礼仪性的摆设,政权的更替在不同的武士集团间进行。

2022年1月,富士电视台的"+Ultra"栏目开播一部改编自古川日出男所译的日本古代同名长篇小说《平家物语》的电视动画,这个故事讲的就是武家政权第一人——平清盛,日本政权由武士阶级掌管就从他开始。他领导的平氏集团掌控了日本大半的富饶国土,其本人也位列太政大臣,权倾朝野,富甲一方。随后,他把女儿德子嫁给当时在位的高仓天皇,与皇室的联姻为平清盛的铠甲披上

了霞岐。《平家物语》中描述平氏的一句话流传甚广——"非平氏者绝非人",意思是说,如果没投胎在平氏家里,做人也觉得可惜。平清盛独揽大权后,建立了知行封土达三十余国的平氏政权。后因地方武士叛离,源赖朝等反平氏势力举兵而迁都福原,平清盛最终患热病而死。

平安时代末期,皇室气数已衰,平氏集团独大,诸强群雄并起之时,武将源赖朝揭竿而起,南征北战数十载,开创镰仓幕府。日本著名历史评论家堺屋太一曾说:"创造日本史的12个人中,源赖朝排名第三。"排在他前面的两个,一个是圣德太子,一个是小说《源氏物语》中的虚构人物光源氏。源赖朝就像中国乱世之奸雄曹操,"挟天子以令诸侯",由于其在军事、政治等方面策略的正确应用,源氏集团得以消灭平氏集团,将关东、关西的辽阔地域纳入自己统治之下。在后白河天皇死后,源赖朝被任命为征夷大将军,开创了日本幕府之先河。从此,日本的实际统治者不再是天皇,而是将军。

1333年,镰仓幕府在朝廷贵族的讨伐和幕府内部将领的倒戈中灭亡。

此后,足利尊氏在京都室町成立了征夷大将军的幕府,史称足利幕府,又称室町幕府。室町幕府后期出现了群雄割据局面,史称战国时代。

经过长达一个世纪的战乱,地域武士政权中实力最强的织田信长于1573年将足利义昭末代将军驱逐出京都,室町幕府灭亡。织田信长率军征讨群雄,开始统一日本大业。他死后,其爱将丰臣秀吉完成了日本的统一。丰臣秀吉建造了大阪城,作为自己的根据地,接着整顿和重建土地制度,并发布"刀狩令",收缴民间的武器,实行兵农分离的制度。1591年发布"身份统治令",固定了士、农、工、商的身份。在完成国内统一后,丰臣秀吉开始积极谋求对外扩张,先后于1592年和1597年发动妄图征服中国和朝鲜的侵略战争,但均遭失败,1598年丰臣秀吉因忧郁而死。

丰臣秀吉死后,他的近臣发生分裂,德川家康在关原一战中消灭了其他敌对势力,掌握政权,1603年在江户城,就是现在的东京建立幕府,史称江户幕府。江户幕府建立了以幕藩体制著称的统治体制。中央政权为幕府,地方政权为藩,类似我们熟悉的诸侯国。藩主被称为大名。各藩的大名在其领地内拥有半独立的领主权,幕府将直辖领地以外的土地分封给大小不等的大约260个藩主。

2. 思想碰撞的时代

江户时代，儒学代替佛教成为占据统治地位的思想。朱子学的"大义""名分"思想很符合江户幕府建立严格的身份等级制度的需要，被尊为幕府的官学。各地开设了专门讲述朱子学的学堂，各藩也设立藩校，教授朱子学。

自1543年开始，欧洲人不断抵达日本，天主教也随之传入。但天主教的教义与幕藩体制的思想基础相悖，严重威胁着幕府的统治，因此，幕府严禁天主教传布，连续五次发布锁国令，全面限制一切外来船只，只有中国、荷兰的船只才能与日本通商。

在江户时代，日本经过260多年的和平发展，经济、文化繁荣。江户中期以后，各种学问兴起，城市中的世俗文化、大众文化盛行。美术方面，取材生动、风格华丽的浮世绘在民间迅速传播流行。展现武士阶层道德和行为模式的武士道形成，并逐渐影响到民间。刚刚夺取政权的武士阶级与追求高雅技艺的朝廷贵族不同，他们强调骑术、射术、剑术和领导士兵的本领。在这样的背景下，早期的武士精神强调简单的忠义伦理观。他们赞扬忠诚、正直、无畏和节俭，在严格的等级制度下，武士的忠义节烈并不以国家为对象，而是为了他的主公。对武士来说，事亲之孝、待妻之义、对子之楚都必须给对主公的忠诚让路。武士精神的实质，就是要以最大的勇敢和牺牲精神，做主人最忠顺的奴仆。

在日本锁国期间，西方社会发生了巨大变化，从18世纪中叶起，西方列强开始将殖民扩张的触角伸向日本。1853年，美国海军准将培里率领黑船舰队到日本叩关。1854年，日本被迫开国。

天皇在一批力主改革的武士的帮助下重返政治舞台，实现了所谓的大政奉还。

趣闻联播

日本浮世绘与艺伎

浮世绘指表现不断变幻的浮动世界的绘画，兴起于日本的江户时代。此种风俗画主要以版画的形式存在，常见题材包括风景、美人、历史和民

间传说、动植物。浮世绘的性质如同当今的海报或杂志。木版画的批量印制既可以降低生产成本，也可以满足新型市民阶层的文化和娱乐需求。

艺伎是日本文化的一个独特组成部分，大约出现在17世纪的东京和大阪。最初的艺伎往往由男性扮女装。艺伎的职业限于"侍酒筵业歌舞"，以显示女性美丽气质为手段，提供服务，满足客人的精神欲望。艺妓的服装为和服大类，但传统和服后领很高，通常把妇女的脖颈遮盖得严严实实，而艺妓所穿着的和服的衣领却开得很大，并且特意向后倾斜，让艺妓的脖颈全部外露。艺妓化妆有特殊的程序，用料也以传统原料为主。最醒目的是，艺妓会用一种液状的白色颜料均匀地涂满脸部、颈项，之所以这样是因为过去没有电灯，都是使用蜡烛，只有涂得非常白才能使人看上去更漂亮。艺妓的眼角通常点上红色，而手上则什么妆都没有，以在提供餐饮服务时让客人放心。

第二节 《天方夜谭》，阿拉伯数字

公元 632 年，阿拉伯人建立了横跨亚、欧、非三大洲的阿拉伯帝国，它不仅拥有广袤的领土、战无不胜的军队和来来往往的商队，其辉煌灿烂的文化也在世界历史上占据了重要地位。因为其国民都信奉伊斯兰教，各地的清真寺都用新月作为标志，表达穆斯林希望幸福吉祥和伊斯兰教兴旺发达的意思，因此阿拉伯也被称为"新月之乡"。无论是陶冶情操、丰富人们内涵的文学作品，还是科学严谨、提升人们生活水平的科学技术，阿拉伯人在这些方面都做出了杰出的贡献。接下来，就让我们一起走进这个遥远的异国，了解它的文化。

一、《天方夜谭》为什么又叫《一千零一夜》？

1. 凶残的国王山鲁亚尔

《天方夜谭》是阿拉伯民间文学发展的里程碑式著作，描述了一位名叫山鲁佐德的少女在夜晚给国王讲述的一千零一个故事，因此也叫作《一千零一夜》。说起来，这背后有一段跌宕起伏的往事，下面就让我们一起来了解一下。

传说在遥远的阿拉伯地区的一座海岛上，有一个萨桑王国，王国的国王叫作山鲁亚尔。国王厌倦了王宫里的生活，周围的一切都使他感到无聊，于是有一天，他和自己的弟弟萨曼一起从宫里溜出去，外面的世界让他感觉那么新鲜，那么有趣。不知不觉间，他们就走到了一片紧邻大海的大草原上。此时，刚出宫的新鲜感已经消失得无影无踪，剩下的只有无尽的疲惫。山鲁亚尔和萨曼坐在一棵树边休息，突然，原本风平浪静的海面波涛汹涌，海中间冒起了一个巨大的黑色水柱，水柱不断地翻涌旋转，一个女巫踏着鬼魅的步伐一步一步地向他们兄弟走来，她告诉山鲁亚尔，全天下的妇女都是不可相信的，她们总有一天都会背叛他。她说完就凭空消失了，只留下国王兄弟面面相觑，不知所措。

在愣神了一会儿之后，山鲁亚尔和弟弟决定返回王宫，在路上他们都在琢

磨女巫说的话,但没有人真的拿这些话当回事,毕竟这只是女巫的一面之词,在宫里还有山鲁亚尔心爱的王后在等着他。一想到自己的爱人,山鲁亚尔会不自觉地嘴角上扬,她是那么美丽动人、知书达礼,归途在思念的力量下也变得不再遥远,他们返回了王宫。

然而,回宫的山鲁亚尔却得知了一个他最不敢相信的消息——他心爱的王后背叛了他。正所谓爱之深则责之切,暴怒之下的山鲁亚尔没有多想,直接挥剑杀死了自己曾经心爱的王后,连身边伺候他和王后的宫女也未能幸免,都惨遭毒手。此时的他已经神志不清,心中只剩下对异性无尽的仇恨与怒火。于是,山鲁亚尔下令,每天全国各地都要为他进贡一名女子,自己会与她成婚并过夜,然后在第二天将其残忍地杀害,他已经全无人性,成了一个彻头彻尾的暴君。这样日复一日,年复一年,持续了三年多,一千多个无辜的少女惨死在山鲁亚尔的手中。再多的生命也没能唤醒山鲁亚尔的良知,反而让他更加陷入这种癫狂,无法自拔。

2. 拯救人民于水火的山鲁佐德

百姓受到这种威胁,惶惶不可终日,出于对自己女儿生命的担忧,许多人带领着家人逃离了萨桑王国,王国陷入了十室九空的境况,整个王国惨不忍睹。眼见着已经很难找到少女供他虐杀,山鲁亚尔就命令宰相代他挑选少女,带着军队强行将少女带离父母,带进王宫。

宰相的大女儿山鲁佐德逐渐长大成人,她目睹了这一切,决定站出来拯救王国的万千无辜少女。于是,她主动要求父亲送自己进宫,去做山鲁亚尔的王后。山鲁佐德踏入了王宫的大门,准备感化这位已经丧失人性的国王。

第一天晚上,当山鲁亚尔进入后宫时,他发现眼前的这位少女和他以前遇到的少女都不一样,山鲁亚尔心想:"她既然已经预见了自己的命运,为什么还不为此感到恐惧呢?"山鲁佐德对国王说:"尊敬的国王陛下,在您决定杀我之前,可否允许我先给您讲一个故事,等您听完故事再做决定也不迟。"出于好奇,山鲁亚尔答应了她的请求。于是,山鲁佐德给他讲述了一个引人入胜的故事,但讲到结尾的时候,天亮了。国王正听到兴头上,为了听到故事的结尾,山鲁亚尔就推迟了杀山鲁佐德的日子。就这样,一天天过去了,山鲁佐德讲了各式各样的故事，一个比一个精彩，一个比一个引人入胜，一直讲到了第一千零一夜，国王山鲁亚尔终于被这些故事所感化，他说："我发誓，不会杀害你，因为你讲述的故事让我非常感动，我决定让人把你讲述的这些故事全部记录下来，永远保存，留给后世人阅读。"于是，《一千零一夜》这本书就诞生了，书的第一个故事就是"国王山鲁亚尔和他的一千零一夜"，后面包括大家耳熟能详的"阿里巴巴和四十大盗的故事""阿拉丁和神灯的故事""航海家辛巴达的故事""渔夫和魔鬼的故事"等。

《一千零一夜》这本书促进了欧洲文艺复兴和近代自然科学的建立，对世界文学和艺术产生了极其重要的影响。著名的文学家高尔基说："《一千零一夜》是民间口头创作中最壮丽的一座纪念碑。"

（1）你认为《一千零一夜》是某一位作家写的吗？
（2）《一千零一夜》和《伊索寓言》有相似的地方吗？

二、阿拉伯帝国是如何建立的？

1. 先知穆罕默德和早期阿拉伯帝国

阿拉伯帝国地跨亚、欧、非三大洲，历经626年，主要包括四大哈里发时期（632—661年）和倭马亚王朝（661—750年）、阿拔斯王朝（750—1258年）两个世袭王朝。阿拉伯帝国极盛时期的疆域东起印度河及葱岭，西抵大西洋，北达高加索山脉、里海以及法国南部，南至阿拉伯海与撒哈拉沙漠，国土面积达1340万平方千米，是世界古代历史上东西方跨度最大的帝国之一，也是继波斯阿契美尼德王朝、亚历山大帝国、罗马帝国、拜占庭帝国之后地跨亚、欧、非三大洲的大帝国。

公元610年，自称受到真主安拉启示的穆罕默德开始在麦加传播伊斯兰教，随着传教活动的不断深入，不仅大量的贫民加入了伊斯兰教，许多上层的贵族也信奉伊斯兰教，这使得麦加本地的统治者十分恐慌，他们联合起来对穆罕默德进行迫害，穆罕默德在深夜离开了麦加前往雅特里布城，这座城市因穆罕默德的到来而也因此改名为麦地那（意为"先知之城"），成为伊斯兰教的圣城之一。

人物小史

穆罕默德（约570—632年），伊斯兰教先知，出生于阿拉伯半岛麦加城古莱氏部落哈希姆家族。他出生时家道中落，从小就开始经商，补贴家用。据记载，穆罕默德为人成熟谦虚，办事公道，乐善好施，赢得了身边人的赞誉和信任，被誉为"艾敏"（即忠实可靠的人）。公元610年他开始传教，强调认主独一，反对多神崇拜；强调凡是穆斯林，不分贫富贵贱皆为兄弟。至632年去世时，他一手创建的阿拉伯帝国已经锋芒毕露，最终成为一个横跨亚、欧、非三大洲的大帝国。

在麦地那，穆罕默德整合了伊斯兰教的主要力量，并将他们组织起来成立了穆斯林自己的公社"乌玛"，制定了基本原则运行公社。624年，穆罕默德手下的军队袭击了麦加商队并引发了战争，史称"博德尔战役"。穆罕默德在此役中以少胜多，大获全胜，也借此扩充了自己的实力，越来越多的人信奉伊斯兰教。627年，穆罕默德坚守城池，挫败了麦加贵族的攻击行动，取得了主动权。630年初，在半岛上的伊斯兰教势力日渐巩固后，穆罕默德率穆斯林大军攻至麦加城下，双方缔结《侯德比耶和约》，兵不血刃下降伏了麦加城，当地居民更主动接受伊斯兰教，而麦加贵族在宗教上的优越地位也得以保持。随后，阿拉伯半岛远近的各个部落纷纷派遣使者前往麦地那表示归顺，少数对抗者遭到镇压。自此，阿拉伯半岛上的各部落民众开始以伊斯兰教为核心建立起一个统一的阿拉伯伊斯兰国家。

2. 阿拉伯帝国的征服伟业

632年，先知穆罕默德去世，他的岳父阿布·伯克尔经过大家的推举成为哈里发（意为真主使者的继承人），并且担任了穆斯林军队的总司令。他指挥手下的将领，率领以贝都因人为主的穆斯林军队进入叙利亚地区，攻无不克，战无不胜，接连击败拜占庭和萨珊波斯驻扎在这些地方的军队。但是伯克尔只在位短短两年，634年就因病去世了。伯克尔死后，众人推举穆罕默德的忠实伙伴欧麦尔成为第二任哈里发。

欧麦尔顺应当时穆斯林军队对外战争的请求，发动了阿拉伯历史上前所未有的大征服运动。636年，欧麦尔率军攻陷大马士革，两年后又进军耶路撒冷地区。在权衡当时的局势后，欧麦尔决定兵分东西两路，对已经因争斗疲惫不堪的萨珊波斯和拜占庭帝国展开全面进攻。在东线，有着"真主之剑"称号的名将哈立德率领穆斯林军队接连攻破波斯军队防线，占领了原属于萨珊波斯的伊拉克和伊朗大部分地区；在西线，阿木尔率军继续连败拜占庭，顺势占领巴勒斯坦和埃及地区。两国都无力抵抗穆斯林军队的勇猛攻势，拜占庭帝国被迫放弃大部分领土，退守首都君士坦丁堡。642年的哈尼温战役结束后，萨珊波斯灭亡，这个具有1200年历史的古国终结了属于自己的历史。

正当欧麦尔的征服事业如火如荼之时，前方将士接到了后方传来的紧急消息，644年11月13日凌晨，欧麦尔被一个信仰基督教的波斯奴隶刺杀身亡。欧麦尔死后，穆罕默德的女婿奥斯曼·伊本·阿凡继位成为第三任哈里发。奥斯曼在位时，帝国的扩张战争更是势不可当。东线阿拉伯军队夺得呼罗珊、亚美尼亚和阿塞拜疆等地，西线大军则继续攻入北非利比亚的昔兰尼加。

就在对外扩张战争势如破竹时，帝国内部发生分裂。以阿里·伊本·艾比·塔里卜为首，哈希姆家族中部分亲阿里派的人对出身于倭马亚家族①的奥斯曼出任哈里发的合法性提出疑问，并组建起什叶派，与普遍接受奥斯曼继位的逊尼派相对立。穆斯林内部分裂由此开始。656年，奥斯曼亦不幸遇刺，阿里继任哈里发。但此时以叙利亚总督穆阿维叶为首的倭马亚家族拒不承认阿里政权。双方数次火拼，未分胜负，僵持不下。不久，什叶派内部又出现分裂，部分对阿里表现不满的激进穆斯林组建了一个"军事民主派"——哈瓦立及派。661年，该派刺杀阿里，神权共和时代（正统哈里发时期）结束。

---

① 倭马亚家族是中古时代麦加古来氏族的支系，早期其首领阿布·苏富扬以坚决反对穆罕默德的宗教著名。另一成员奥斯曼·伊本·阿凡则是穆罕默德的重要支持者。

现实直通车

逊尼派，全称"逊奈与大众派"，特指"先知的道路"，其基本政治原则是承认历代哈里发的合法地位。

什叶派，第三任哈里发奥斯曼统治时期，以阿里为代表的反对派，否认奥斯曼的权威，主张由阿里继任哈里发，逐渐形成新教派——什叶派（原意为"追随者"），与奥斯曼所奉行的逊尼派相对立。什叶派主要在伊拉克、伊朗一带活动。

阿里死后，他的支持者又推举阿里的长子哈桑为哈里发，与此同时，远在叙利亚的穆阿维叶也自立为哈里发，穆斯林陷入分裂。穆阿维叶的政治手段十分高明，他收买了哈桑的近臣，对哈桑连哄带骗，外加武力威胁，不断逼迫哈桑退位。年轻的哈桑哪里见过这种阵势，光是穆阿维叶的军事恫吓就已经吓坏了哈桑，再加上近臣的不断劝说和哄骗，哈桑的心理防线彻底崩溃了。他说自己不愿意看到穆斯林陷入内斗，主动献出了自己的权力和哈里发的称号，于是，穆阿维叶成了穆斯林世界唯一的正统哈里发。

之后，穆阿维叶为了避开哈桑的势力范围建立新的哈里发政权，将都城迁到叙利亚首府大马士革。历史学家为了区分四大哈里发时期的阿拉伯帝国和穆阿维叶建立的阿拉伯帝国，将后者称为倭马亚王朝，因为倭马亚王朝的旗帜多为白色，所以中国古代的史籍中称它为"白衣大食"。倭马亚王朝的建立标志着四大哈里发时期的终结，阿拉伯的历史也正式进入了帝国时期。

虽然历史上著名的阿拉伯帝国早已如过眼云烟般消散在历史的长河里，无法找寻，但穆罕默德创立的伊斯兰教却一直流传下来，在世界各地广泛传播，成为世界三大宗教之一，在今天仍然拥有无数的信徒。同样，阿拉伯帝国的人民也创立了璀璨的文明，他们继承并发展了古代希腊文明和罗马文明的优良成果，为后世留下了无数宝贵的文化成果，像《一千零一夜》这样的文学作品和接下来我们要讲述的阿拉伯数字，都是他们辉煌灿烂文明的见证。

三、阿拉伯数字真的是阿拉伯人发明的吗?

1. 阿拉伯数字的产生

阿拉伯数字并不是指阿拉伯人发明的数字,而是指由阿拉伯人传播到欧洲乃至世界各地,被广泛使用的数字。那么,阿拉伯数字最先产生在什么地方呢?它其实率先由古印度人发明并加以利用,或许称它为"印度数字"更为恰当。阿拉伯数字由 0,1,2,3,4,5,6,7,8,9,共 10 个计数符号组成,采取位值法,高位在左、低位在右,从左往右书写。

公元 500 年前后,随着政治的稳定和经济的发展,印度次大陆西北部的旁遮普地区的数学处于领先地位。天文学家阿叶彼海特在简化数字方面率先实现突破,他将数字记在一个个格子里面,如果第一格里有一个符号,比如一个代表 1 的圆点,那么第二格里的同样圆点就表示 10,而第三格里的圆点就代表 100。这样,不仅数字符号本身,它们所在的位置次序也同样拥有了重要意义。这初步具备了现代数学的意义。

700 年前后,阿拉伯人征服了印度,开始对印度的直接统治。当这些征服者着手统治旁遮普地区时,他们惊奇地发现,这个所谓的"落后地区"虽然政治组织形式和经济发展水平、军事实力远逊于自己,但是他们的数学水平却出乎意料地先进,尤其是他们的记数方式,既简单快捷又逻辑严密,很适用于商业生活和科学研究。就连统治者也注意到了这种记数方式,公元 771 年,阿拉伯上层贵族命令士兵抓捕了一群印度数学家,不远万里将他们带到了阿拉伯帝国的首都巴格达,强迫他们给当地人讲授这种新式的数学符号和体系以及印度人自己使用的计算方法。迫于统治者的威胁,这些印度数学家将自己掌握的数学知识全部传授给了当地的学者和官员。短时间内大家纷纷抛弃了旧有的数字体系和记数法,转而采用印度人的数字和记数法。而常年与数字打交道的商人也发现了印度数字和记数法的便捷之处,纷纷采用。很快,以前的数字和记数方式被抛弃,大家都开始采用新式的数字和记数法。

后来,随着阿拉伯人向北非和伊比利亚半岛的进一步征服扩张,他们的统治方式和数字体系也一起传入这些地区。这些地区原先采用的是繁复的罗马数字体

系，普通人很难掌握，面对比较大的数字时，辨识十分费力，商人在记账时也经常出错。但是随着阿拉伯数字的引进，上述问题基本消失了，阿拉伯数字也因此广泛流传开来，成为大家共同使用的数字体系。

2. 阿拉伯数字在西欧的传播

10世纪，远在罗马的教皇热尔贝·奥里亚克偶然间通过手下的主教和知识分子接触到了阿拉伯数字。饱读诗书的教皇敏锐地认识到，这种新式的数字和记数方式要远远优越于罗马数字体系，因此，他开始积极地把这种数字体系传播到其他欧洲国家，但由于当时基督教和伊斯兰教之间的关系比较紧张，很多学者与民间人士对穆斯林的东西十分排斥，尽管这种记数方式十分先进而且便捷，人们还是下意识地拒绝使用，使得它的传播速度远远慢于在其他地区的传播。大概过了两百年，到公元1200年，欧洲的学者才能摒弃宗教间的差异，宣布正式采用这些数字符号和计数体系。又过了一百年，一位见识卓越的比萨数学家费婆拿契踊跃宣传并倡导使用这种数字，阿拉伯数字才得以走进普通大众的生活，得到大家的认可。15世纪时，在民间，阿拉伯数字已经基本取代了罗马数字，成了大家默认使用的数字体系。然而，那时的阿拉伯数字的形状和现在阿拉伯数字的形状还不完全相同，只是比较接近。在不断的使用过程中，人们根据自身需要不断简化、修改这些数字，阿拉伯数字才一步步变成了我们今天看到的样子。顺便说一句，阿拉伯数字早在8世纪就随着佛教传入我国，但并没有被当时主流的书写系统接纳。直到清代光绪元年（1875年），原始版本的《笔算数学》才对引进的阿拉伯数字做了介绍以及使用示范。因为这些数字是由阿拉伯人传播并使用起来的，人们误以为是阿拉伯人发明的，故将它们称为阿拉伯数字。

阿拉伯数字不仅让我们的计算更便捷了，更深刻影响了人们对数学的认知和数学思维方式。阿拉伯数字的诞生是数学史上的一次伟大的飞跃，引发了一场数学思想的革命，阿拉伯数字的推广促进了数学教育的普及，开发了人们的智力潜能，构建了一个更加和谐的世界。

第四章　日出之国与新月之乡

头脑风暴

（1）阿拉伯数字这么方便，为什么一直没有在西欧大范围使用呢？
（2）怎样理解"科学没有国界，科学家却有国界"这句话？
（3）阿拉伯数字给我们日常生活带来了哪些便利？

参考文献

[1] 冯玮.日本通史[M].上海：上海社会科学院出版社，2012.

[2] 朱绍侯，齐涛，王育济.中国古代史（上册）[M].福州：福建人民出版社，2010.

[3] 罗纳德·托比.亚洲世界中的德川幕府[M].柳一菲，译.南京：江苏人民出版社，2022.

[4]《世界通史系列》编委会.日本的故事[M].南京：江苏人民出版社，2013.

[5] 哈全安.中东史 610-2000[M].天津：天津人民出版社，2010.

[6] 休·肯尼迪.大征服：阿拉伯帝国的崛起[M].孙宇，译.北京：民主与建设出版社，2020.

[7] 艾哈迈德·爱敏.阿拉伯伊斯兰文化史[M].纳忠，译.北京：商务印书馆，2019.

[8] 黎羌.丝绸之路上《古兰经》文学与阿拉伯艺术论衡[J].世界文学评论（高教版），2014（1）：187-192.

第五章
欧洲思想解放运动与新航路的开辟

第五章 欧洲思想解放运动与新航路的开辟

第一节 人文主义，启蒙运动

一、文艺复兴只是复兴古代文化吗？

1. 文艺复兴产生的背景

文艺复兴运动指的是一场发生在 14—16 世纪的、反映新兴资产阶级要求的欧洲思想文化运动，这场运动首先发生在意大利发达的各个城市共和国，如威尼斯、热那亚和佛罗伦萨。为什么它被叫作"文艺复兴运动"呢？在当时的人们看来，人类的文学、艺术等领域知识在古代的希腊、罗马时代已经达到了高度繁荣的状态，但在所谓中世纪的"黑暗一千年"时期遭遇了前所未有的衰败和湮灭，直到 14 世纪才得以"再生"和"复兴"，因此这场运动被称为"文艺复兴运动"。但是，"文艺复兴"不只是简单地对古代文化的模仿，而是在吸收和借鉴古代文化精华的基础上，结合人文主义对古代文化不同程度的改造，表达反对天主教的思想主张，最终形成了一场思想解放运动。西欧的知识分子主要利用这场思想解放运动来宣扬"人文主义"，实际上是资产阶级反封建的新文化运动。

那"文艺复兴"为什么在意大利地区率先发生呢？这与当时意大利的经济、文化发展水平是分不开的。当时的意大利陷入了四分五裂的政治局面：南部由那不勒斯王国控制，中部由佛罗伦萨共和国和教皇国掌握，北部为热那亚共和国，西部为米兰公国，东北部则为强势的威尼斯共和国。意大利缺乏一个强有力的政治实体管束全国，各个城市共和国各自为政，致力于提高自身的竞争力，维持自己的优势地位。城市共和国十分重视经济的发展，各自内部也有一大批依靠商业贸易发展的贵族，他们中的许多人不相信天主教将所有的希望寄托于来世的思想，主张关注现世，注重当下。另外，独立自由的气息对文学艺术的发展十分有利，这些因素都使得人们开始怀疑宗教神学的绝对权威，开始思考人自身的问题，而不是虚无缥缈的神学问题。

头脑风暴

（1）意大利为什么会陷入四分五裂的政治局面？
（2）中世纪神学对人的束缚体现在哪些方面？
（3）意大利有哪些利于资本主义发展的优势？

除此之外，14世纪末，东罗马帝国（即拜占庭帝国）积贫积弱，领土不断被周边强势的伊斯兰国家——奥斯曼帝国鲸吞蚕食，东罗马帝国的许多知识分子不堪其扰，很多人拖家带口，带着自己丰富的文学、历史、哲学藏书和艺术品前往意大利寻求庇护，这自然受到意大利城市共和国的欢迎和支持。部分学者在意大利的佛罗伦萨创办了一所名为"希腊学院"的学校，在这里讲授他们沿袭自希腊和罗马时期的辉煌历史文化，并逐步要求恢复古代希腊和罗马的文化和艺术，这也为"文艺复兴"的发展奠定了基础。

2. 文艺复兴的代表人物

在这场声势浩大的思想解放运动中，涌现了许多的文学、艺术巨匠，他们以自己的作品为武器，从各个方面反对宗教神学的束缚，强调了对人的关怀、关注，这种思想也被称作"人文主义"。他们中的典型代表有"文学三杰"：但丁、彼特拉克和薄伽丘；"美术三杰"：达·芬奇、米开朗琪罗和拉斐尔，此外还有英国的文学家莎士比亚、西班牙的文学家塞万提斯等。

人物小史

莎士比亚（1564—1616年），英国文艺复兴时期的剧作家、诗人，被誉为"人类文学奥林匹斯山上的宙斯"，代表作有《罗密欧与朱丽叶》《哈姆雷特》《麦克白》《李尔王》。他出生在英国沃里克郡的斯特拉福镇，自幼开始学习文化知识，年仅26岁就创作出自己的第一部戏剧，他的作品展现的核心思想是人文主义，主要体现在对性格各异的人物形象的塑造，

第五章　欧洲思想解放运动与新航路的开辟

> 从中揭示人性中的善与恶的矛盾冲突，进而在这些矛盾中碰撞出人性的闪光点。1995年11月，联合国教科文组织宣布每年4月23日为"世界图书与版权日"（又称"世界读书日"），这一天是莎士比亚和塞万提斯的辞世纪念日。

在此简要介绍一下但丁和达·芬奇。但丁被誉为"中世纪的最后一位诗人"，同时又是新时代的第一位诗人。他的代表作是长诗《神曲》，该诗分为三部分：《地狱》《炼狱》《天堂》，在诗中，但丁明确表达了自己对天主教会的不满和厌恶，率先对教会提出了批评。达·芬奇是意大利文艺复兴时期最负盛名的美术家、雕塑家、建筑家、地理学家、工程师，出生于意大利的佛罗伦萨。他一生钻研了许多领域，并且在这些领域都做出了杰出的贡献，因此也被称为"文艺复兴时期最完美的代表人物"。达·芬奇一生留下了无数作品，例如壁画《最后的晚餐》、祭坛画《岩间圣母》和肖像画《蒙娜丽莎》，这是他的三大杰作，是达·芬奇为世界艺术宝库留下的珍品，是欧洲艺术的拱顶之石。值得一提的是，他虽然也画圣母像，但不同于中世纪时期千篇一律的圣母像，他笔下的圣母像更富人性，用明亮的笔调凸显圣母的母性光辉。

之后，文艺复兴运动逐渐扩散到欧洲大陆，许多人受到文艺复兴思想的影响，欧洲大陆也涌现了许多具有"人文主义"思想的学者。随着文艺复兴思潮的进一步发展，"人文主义"思想已经深入人心，宗教神学遭受极大的挑战，这也宣告着由中世纪向近代资本主义的过渡渐趋完成，文艺复兴运动完成了自身的使命，逐渐退出了历史舞台。

文艺复兴运动是欧洲历史上第一次资产阶级的思想解放运动，它推动了世界文化的进一步发展，促进了广大人民的觉醒，开启了世界现代化的进程，为世界范围内资本主义的发展做出了必要的思想文化准备，也为之后的启蒙运动和欧洲资产阶级革命做出了思想动员和准备工作。尤其是文艺复兴运动提倡的"人文主义"使得人们更加关注自身，它充分肯定了人的价值，重视人性，成为人们冲破中世纪的层层迷障的有力号召。文艺复兴运动对当时的政治、科学、经济、哲学、神学世界观都产生了极大的影响，是新兴资产阶级在意识形态领域中的一场

革命风暴，也被称为"出现巨人的时代"。但也应该看到，文艺复兴运动提倡的"人文主义"在后期逐渐偏离了原本的含义，走向了个人私欲膨胀、物质享受和奢靡泛滥，造成了一系列的负面影响。

二、18世纪为什么又叫"伏尔泰的世纪"？

1. 青年时期的伏尔泰

在法国，路易十四和伏尔泰是公认的伟人，也是一个时代的象征，因此法国人将17世纪称为"路易十四的世纪"，18世纪称为"伏尔泰的世纪"。后世的历史学家威尔·杜兰将自己撰写的《世界文明史》之第9卷命名为《伏尔泰时代》，以示对这位伟大的思想家、哲学家的尊重。

伏尔泰原名弗朗索瓦-马利·阿鲁埃，伏尔泰为其笔名，他出生于1694年11月21日，18世纪法国著名的启蒙思想家、文学家、哲学家，被誉为"法兰西思想之王""法兰西最优秀的诗人""欧洲的良心"。他出生在法国首都巴黎一个比较富裕的中产阶级家庭，是家中最为年幼的孩子，他先后在巴黎耶稣会和路易大帝高中接受基础教育。

中学毕业以后，望子成龙的父亲送伏尔泰前往法国的一所法科学校，希望他学成归来在当地成为一名法官，也可以继承家业，光宗耀祖。但伏尔泰显然不是一个循规蹈矩的人，他讨厌做一名只会鹦鹉学舌般复述法律条文的法官，反而对以笔杆为武器的诗人充满了兴趣，希望用自己的笔杆书写争议、捍卫真理、对抗一切，因此，在法科学校期间，他很少去听课、学习，而是将所有的精力都投入写作中，乐此不疲地创作一些政治讽喻诗。他十分擅长使用一些机智的讽刺来抨击社会的阴暗丑恶、政治家的虚伪和忸怩作态，以此实现自己捍卫真理的理想。他曾经说过："笑，可以战胜一切，这是最有力的武器。"

从法科学校毕业后，迫于家长的权威，伏尔泰还是去做了法国驻荷兰大使的一名秘书，负责为大使起草日常的文件等。在荷兰期间，他还邂逅了一段美丽的爱情，与在荷兰的一位法国少女坠入爱河。为了保卫自己的爱情，伏尔泰甚至策划了与这名少女的私奔，但私奔的计划还未来得及实行就被其父亲发现，在父亲

第五章 欧洲思想解放运动与新航路的开辟

的威逼利诱下，伏尔泰最终选择回国，与少女的恋情也不了了之。

回国后的伏尔泰仍旧对广大的劳苦群众抱有深深的同情，同时对追名逐利的政治家十分憎恨。他经常写诗来嘲讽当时的政局，最终，他写的一首嘲讽当时的摄政王奥尔良公爵的诗歌被人举报，伏尔泰被流放到苏里。被流放期间的伏尔泰没有改变自己的志向，反而将这些经历视作对自己的磨炼，更加专心地写起了讽喻诗，用嬉笑怒骂的方式抨击当时腐败的法国政府和罗马教廷。1717年，伏尔泰再一次被密探举报，因为他"屡教不改"的行为，他收获了苦果——被投入当时法国最著名也是最恐怖的政治监狱巴士底狱。伏尔泰被关押在巴士底狱近11个月，但他的表现与其他犯人都不同，他既没有怨天尤人，也没有一蹶不振。在狱中，伏尔泰完成了自己的第一部剧本，他写的是时任法国国王路易十五的摄政王菲利普二世的经历，是一部名为《俄狄浦斯王》的悲剧，正是在这部作品中，他首次使用了伏尔泰的笔名。

往事钩沉

巴士底狱原名巴士底要塞，"巴士底"在法文中意为"城堡"，是一座非常坚固的要塞，始建于14世纪，建成初期主要用作军事城堡，目的是防御百年战争中英国人的进攻，因此巴士底狱就建在巴黎城门前。14世纪末，巴士底狱被改为王室监狱，专门关押政治犯，巴士底狱于是成为法国专制王朝的象征。1789年，巴士底狱被揭竿而起的巴黎民众摧毁。

2. 思想成熟之后的伏尔泰

1718年秋，伏尔泰出狱，他的《俄狄浦斯王》也在巴黎获准上演，这是伏尔泰戏剧才华的首次展露，一时间巴黎万人空巷，大家争先恐后地去观看《俄狄浦斯王》，就连当时法国最挑剔的文学批评家对此也是赞不绝口，伏尔泰也因此获得了"法兰西最优秀的诗人"的盛名。

在戏剧方面大获成功的伏尔泰并未忘记对人民的深深同情，他和以前一样，通过辛辣的政治讽刺诗来抨击现实，这又一次惹恼了权贵，几年后他再次被投入

巴士底狱，出狱后的伏尔泰甚至被驱逐出境，不得不前往英国开始了他的流亡生涯。在英国流亡的三年成为他人生的重要转折点，在英国他接触到了当时先进的君主立宪制，终于形成了系统的反对封建主义的政治主张，这一思想促使他深入地思考法国政治制度存在的缺陷，成为一名民主人士。

1734年，回国后的伏尔泰发表了著名的《哲学通信》，他在书中大肆宣扬了英国的君主立宪政体，猛烈抨击了法国的专制政体。这本书刚一出版就被巴黎警方查禁，随即巴黎法院下令拘捕伏尔泰，他不得已逃至乡下的庄园隐居，这一藏就是十五年。隐居的这些年，伏尔泰更加高产，他人生中的许多重要作品都是在这一时期出版的，这些作品有史诗、悲剧、历史和哲学的著作，为他赢得巨大的声誉。

之后的岁月里，伏尔泰还曾应普鲁士国王腓特烈二世的邀请前往柏林。在柏林期间，腓特烈二世十分器重伏尔泰，经常与他一起讨论问题，之后却因为伏尔泰与另一位科学家的矛盾不欢而散。受挫的伏尔泰再次返回法国，前往凡尔纳定居，在这里，他的思想越发激进，全身心地投入此时已经如火如荼的启蒙运动之中。伏尔泰撰写了大量文章抨击社会现实，宣扬启蒙运动和理性主义，他称天主教教会的教士是"文明的恶棍"，将教皇骂作"两足禽兽"，他这般不知疲倦的斗争极大地推动了启蒙运动的发展，他本人也被法国人民亲切地称为"凡尔纳教长"。1778年，用笔杆子战斗了一生的伏尔泰与世长辞，离开了他深爱着的土地和人民。

即使去世了，教会仍然不愿意停止对伏尔泰的迫害，以至于他的遗体不能被安放在巴黎的教堂之内。在法国大革命期间，人民将他的遗体运回巴黎。自此，他得以长眠巴黎，永远受到热爱自由的法国人民的凭吊。伏尔泰的一生是波澜壮阔的一生，他用自己的笔触启迪着后世的思想家，推动了启蒙运动的发展，并将民主自由的思想传播到了世界各地。

三、什么是启蒙运动？

1. 启蒙运动的发源

启蒙运动指的是发生在17—18世纪的一场资产阶级和人民大众的反封建王

权、反教会神权的伟大思想解放运动，它是继我们上文提到的文艺复兴运动之后的又一次伟大的思想解放运动。启蒙运动在英国发源，以法国为中心，将自己的核心思想"理性"传播到世界的各个国家和地区，用"理性主义"驱散当时盛行的愚昧和黑暗。启蒙运动有力地批判了封建专制主义、宗教神学和特权阶级，宣传了自由、民主和平等思想，为之后的欧洲资产阶级革命做了充分的思想理论准备和舆论宣传。之后的美国独立战争和法国大革命都受到了启蒙运动的极大影响，是启蒙运动的实践，同时启蒙思想也成了殖民地人民争取民族独立和自由的精神武器，至今都有借鉴意义。

18世纪的法国仍然处在封建王权和教皇神权的双重压迫之下，广袤的农村地区早已满目疮痍，城市也被以各种各样的理由强行征税，供贵族和国王过着骄奢淫逸、纸醉金迷的生活。法国的天主教会和政府勾结在一起，政治上实行高压政策，将许多对政府有意见的人士关入巴士底狱，经济上大肆盘剥，文化上也奉行专制主义和蒙昧主义，妄图一直愚弄民众，残害进步人士。另外，由于资产阶级力量逐渐壮大，他们日益感受到这种封建专制阻碍了自己的进一步发展，于是他们强烈要求冲破旧制度对他们的束缚，发展资本主义。

此时，许多资产阶级的知识分子接触到了来自英国思想家（代表性的人物有洛克和霍布斯）的思想主张。英国在当时已经完成了资产阶级革命，取得了一定程度的胜利，政体也改为君主立宪制，各方面的环境相较于法国都比较宽松。英国的启蒙思想家霍布斯认为，国家不是根据神的意志而是人们通过社会契约创造的；君权并非来自神授而是人民授予的，他同时认为，宗教是人类无知和恐惧的产物。这些思想在当时如同一潭死水的法国知识界引起了轩然大波，许多人开始效仿霍布斯的主张。之后的思想家洛克对霍布斯的思想进行了修正，洛克赞同君主立宪制，主张国家的立法权、行政权和处理外交事务的权利应该分属于议会和君主，这是之后孟德斯鸠著名的"三权分立"学说的基础，此外洛克还认为私有财产是人权的基础，没有私有财产就无人权。这些主张符合新兴资产阶级的利益，受到了法国资产阶级的追捧，启蒙思想也由此在法国知识分子之间传播开来。

2. 启蒙运动的高潮

霍布斯和洛克之后，启蒙运动的中心由英国转移到了法国，代表人物为伏尔泰、孟德斯鸠和卢梭，伏尔泰的事迹上文已经有所提及，接下来我们重点了解一下孟德斯鸠和卢梭的思想主张。

孟德斯鸠是一位贵族，是法国伟大的启蒙思想家、法学家，代表著作有《波斯人信札》《论法的精神》等，他最为人熟知的观点就是提出了完整意义上的"三权分立"学说，主张将国家权力分为立法权、行政权和司法权，彼此之间相互制衡，主张实施君主立宪制，并认为国家制定的法律应该体现理性精神。孟德斯鸠的著述远远没有伏尔泰那么多，但他的"三权分立"思想成了现代西方资本主义国家建国的政治基础，直到今天，法国、美国等国家的建国理念仍然是"三权分立"，影响深远。

与孟德斯鸠相比，卢梭的出身就显得"卑微"很多，但也正因为卢梭出生于法国的下层农民家庭，他对法国旧社会的批判更为猛烈也更为彻底，被誉为人民主权的捍卫者。卢梭继承了洛克的"人民主权"理论，将其进一步发展成为"主权在民"的政治思想，这同样是现代西方资本主义国家的建国基础。卢梭是一位激进的民主主义者，他认为一切权力都属于人民，权力的表现和运用必须体现人民的意志，主张消灭一切奴役和压迫人民的统治者。此外，卢梭也强调"公共意志"，认为它的具体形式就是法律，遵守法律的行为就是自由的行为。卢梭的主张很大程度上被法国大革命时期著名的雅各宾派领导人借鉴，成为他们的理论旗帜。

现实直通车

"三权分立"成为当代主要资本主义国家的政治理念，如美国就是如此，行政权属于总统，立法权属于参众两院，司法权则掌握在由九位大法官组成的最高法院手中。如今的法国，即法兰西第五共和国为半总统半议会制，总统为国家元首和武装部队总司令，议会拥有制定法律的权利，司法机构为负责审理民事和刑事案件的普通法院和负责公民与政府机关之间争议案件的行政法院。

第五章 欧洲思想解放运动与新航路的开辟

受到启蒙运动的影响，法国的资产阶级不再甘心被王权和教权一直压迫，他们带领团结的法国人民发起了轰轰烈烈的法国大革命，终于建立起了法兰西共和国。尽管法兰西第一、第二共和国很快就受到了镇压，但法国人民没有被失败吓倒，他们继续坚持斗争，最后成功地将法国变成一个共和国。

法国大革命之后，启蒙运动进入尾声，德国著名的哲学家和思想家康德总结了启蒙运动的定义、内容和核心，系统阐释了启蒙运动。康德认为启蒙运动的核心在于人应该自己独立思考、理性判断，强调人的重要性，指出人就是人，不是达到任何目的的工具，即著名的"人非工具"论，康德相信主权属于人民，自由和平等也是人生来就具有的权力，同时强调人的自律，认为自由和平等只能在法律允许的范围和框架内。

启蒙运动为欧美国家的资产阶级革命做了思想上和理论上的准备，启迪了人们的思想，动摇了法国的专制统治，使得民主和共和的思想深入人心并传播到了世界的各个角落，也极大地鼓舞了广大亚非拉地区的殖民地人民争取民族独立的斗争。启蒙运动的影响极其深远，是一件彪炳千秋的大事。

第二节　发现新大陆，环球航行

14—16世纪，欧洲人经历了文艺复兴的洗礼，逐渐打破了思想上的禁锢，对财富的欲望也被激发了出来。在黄金的刺激下，在宗教的感召下，欧洲人走向大海，在惊涛骇浪中开启了大航海时代。这是一个精彩纷呈的时代，新的海域不断被探索，新的岛屿和大陆不断被发现。笼罩在世界上空的神秘面纱逐渐飘散，一个全新的世界第一次清晰地展现在人们面前。

这些航海者为什么要冒险出海？他们到底是令人尊敬的勇敢者，还是唯利是图的商人，抑或恶贯满盈的强盗？

一、航海者为什么要冒险？

当罗马人第一次领略到东方香料那神秘、火辣，让人念念不忘的美味后，就对香料无法割舍了。当时的欧洲餐桌上没有辣椒、番茄酱、糖等调味品，也没有咖啡和茶等饮料。哪怕加一点点东方的香料，如胡椒、豆蔻，就像对食物施了魔法，把普通食物变成让人神往的美食。不仅仅是香料，中国的丝绸和瓷器、印度的锦缎、锡兰的珍珠等东方商品在欧洲贵族眼中同样是高贵优雅的代名词。

为什么处于已知世界的边缘、人口并不多，又比亚洲贫困的西班牙和葡萄牙，能够开启大航海时代，且能入侵有高度文明的亚洲诸国？

然而，把这些东方商品运到欧洲，商人们要经历漫长的旅程，穿越炽热的沙漠，躲过凶恶的强盗，忍受沿途国家和政府的盘剥，还有中间商的加价……最后，商品价格往往涨了数倍乃至数十倍。在中世纪的文化中，"胡椒"是财富的代名词，要表示某人是巨富，直接说他是"胡椒袋"就够了。香料几乎

第五章　欧洲思想解放运动与新航路的开辟

与黄金白银等贵金属等价。人们享用胡椒时要一粒粒地数，称重香料时要紧闭门窗，防止风吹掉珍贵的粉末。

阿拉伯和威尼斯商人因为掌控东西方商路而赚得盆满钵满，这让欧洲人无比羡慕，他们渴望找到新的商路。

除了世俗的财富追求，传播上帝福音的宗教诉求也是欧洲人寻找通往东方航路的重要原因。中世纪以来，西欧流行着一个传说：祭司王约翰是东方一个强有力的基督教君主。西欧的基督徒一直想同约翰建立联系，击败穆斯林。西班牙和葡萄牙在历史上曾经被阿拉伯帝国的穆斯林占领，宗教情结更为强烈。

14世纪中叶兴起的文艺复兴歌颂现世生活，相信人能通过自己的努力来创造幸福。这大大激发了欧洲人的个人进取精神和对未知的探索欲望，推动了海外冒险事业的开展。

技术的进步也为欧洲人出海创造了条件。1500年左右，西欧人能够建造更结实、更庞大的多桅帆船，船上装备了中国的指南针、阿拉伯的三角帆、欧洲先进的星盘和象限仪、能够远程攻击的火炮。这使得欧洲人足以横扫海上面临的各种敌人。

条件具备了，欧洲人开始出海了。最先走向海洋的是葡萄牙人，他们沿着非洲海岸向南探航，越过中世纪欧洲水手的心理禁区——博哈多尔角，尝试绕过非洲到达印度。

往事钩沉

千百年来，在欧洲的水手中一直流传着"Non海角"（意为"不可超越的海角"，指位于西撒哈拉海岸的博哈多尔角）的传说。这里暗礁密布，巨浪滔天，让人望而生畏。传说海角后面是"黑黝黝的绿海"，闯入这片海域的船舶将有去无回。传说这一海域的海水由于太阳的照射几乎沸腾，驶入这一海域的船舶的船板和船帆会着火。对船员来讲，这一地区是"撒旦"的领地，踏入这一地区的人会变成黑人。

葡萄牙的恩里克王子为了找到探险的水手，不得不请求罗马教皇答应完全赦免每位参加者的罪行。1434年，航海家吉尔·埃安内斯绕过博哈

多尔角。他在给葡萄牙政府的报告中说:"这个地方与我的家乡一样是极易航行的,而且这里比其他地方更加富庶和美丽。"葡萄牙人通过不懈努力,终于打破了这个禁区。

然而,一个意大利人却坚持认为应该向西航行,能够更便捷地到达东方,这个人是克利斯托弗·哥伦布(1451—1506年)。

令人难以置信的是,哥伦布的自信乃至后来的成功都同他的巨大错误密切相关。哥伦布坚信地圆学说,然而对地球大小和东西航程的估算却错得相当离谱。对于地球的大小,他采纳了古希腊地理学家托勒密的估计,这个估计偏小了。对于欧亚大陆的东西两端距离,哥伦布采纳了意大利旅行家马可·波罗的估计,这个估计又偏大了。而亚洲大陆同东部岛国日本的距离,他还是依据马可·波罗的估计,后者根本没去过日本,这个距离又被无意中拉长了(其估计大陆距日本约为2400千米)。于是哥伦布得出结论,西欧同日本的距离其实很近,只有不足800千米。换句话说,在哥伦布眼中,世界是这样的:欧洲与日本的距离大约是日本同中国距离的两倍;从欧洲出发,几个星期就能到达日本;比起葡萄牙人绕道好望角动辄半年的航程,向西航行到达东方简直太便捷了。

哥伦布先是向葡萄牙人兜售他的航海计划,结果被拒绝了。当然,葡萄牙人的拒绝立足于他们较为准确的计算。但从历史结果来看,葡萄牙人计算对了,却选择错了,他们错失了即将而来的航海壮举。后来,哥伦布向西班牙人提出了他的航海计划。由于西班牙女王伊萨贝拉对地理学一无所知,选择接受了他的"错误"计划。

1492年8月3日,哥伦布率领三艘帆船离开西班牙。9月6日,船队离开加那利群岛,一路向西。时间一天天过去了,船员看到的只是一望无际的大海。这是欧洲水手从未到达的海域,《圣经》上只记载了亚、欧、非三大洲,大西洋似乎是世界的边缘,传说前方有令人生畏的马尾藻海,船会被海藻拖入地狱。人对未知的东西往往会充满恐惧,面对恐惧,只有强大的人才能坚持到希望降临。对于船员的不安,哥伦布尽力去安抚,甚至欺骗大家,编造航程的谎言。其实哥伦布内心也一直焦躁不安,因为按照他的计算,应该早就到达日本了。就在大家绝

第五章 欧洲思想解放运动与新航路的开辟

望的时候，船队发现了一个海岛，哥伦布把这个美洲的小岛命名为"圣萨尔瓦多岛"，意思是"救世主"。对人类来说，这是一个伟大的时刻，新旧大陆之间的闭塞隔绝状态被打破了，世界翻开了新的一页。

欧洲人的注意力主要放在哥伦布带回来的黄金上，根本没有意识到随之而来的玉米、马铃薯等的影响力和价值不亚于这些黄金。

哥伦布坚信他到达的是亚洲，他把当地的土著居民称为印第安人，也就是印度人的意思。然而，哥伦布接下来的几次深入探险始终没找到中国和印度。西班牙人逐渐对哥伦布失去了信任，哥伦布从"英雄"变成了"骗子"。1506年，哥伦布郁郁而终。不久之后，西班牙人在美洲发现了大量的黄金和白银。西班牙独占了超过世界一半的白银产量。哥伦布又重新成为家喻户晓的英雄。

10月12日或10月的第二个星期一是美国设立的哥伦布日，这个节日是为了纪念哥伦布于1492年首次登上美洲大陆而设立的。每年的这一天，美国大多数地区要举行庆祝活动，来纪念这一伟大时刻。但与此同时，也会有很多印第安人举行抗议活动，指责哥伦布的到来给美洲带来的是痛苦和灾难。墨西哥、哥伦比亚、委内瑞拉等国则将这一天定为"种族日"，以纪念因欧洲人和美洲人相遇而产生的民族多样性。

你如何看待哥伦布发现美洲这一事件？

二、你知道哪条线把地球分成了两半吗？

哥伦布越过大西洋，到达"亚洲"，即将到达"印度"的消息让葡萄牙人非常震惊。葡萄牙人已经沿着非洲西海岸向南探航了近百年，如果西班牙向西率先夺取印度，会让葡萄牙近百年的努力化为泡影。西班牙则担心葡萄牙会同它争夺这个新发现的"印度"。两国在领土扩张上的争端日渐激化，有兵戎相见的危险。在罗马教皇眼中，西班牙和葡萄牙的海外探险活动都是拓展基督教世界、对抗穆斯林的积极事业，是需要大力支持的。教皇决定把这个世界尚不知道的地区分给

两国，以平息矛盾。

1493年5月4日，教皇把地球分成两半，切线位于佛得角群岛以西100里格（1里格约等于5千米）的地方。这条线以西尚未发现的国家及一切属于西班牙，以东的则属于葡萄牙。教皇划定的这条切线又被称为"教皇子午线"。1494年6月7日，在葡萄牙的要求下，这条线向西挪了270里格。正因为这个条约，当时尚未被发现的巴西后来被划归到葡萄牙的范围。

通过"教皇子午线"，西班牙和葡萄牙一厢情愿地瓜分了世界。
（1）西葡两国是否遵守了关于这条线的约定？
（2）西葡两国是否有能力控制各自的区域？
（3）其他西方列强是否愿意遵守这种划分约定？
（4）被莫名其妙划分的全世界人民是否愿意接受这种安排？

通过这条线，葡萄牙人取得了绕行非洲到达印度航线上的所有据点。西班牙人也比较满意，他们相信向西才是到达印度的正确航线。

然而哥伦布接下来的多次西航连续失败，西班牙人没能发现印度和中国。16世纪初，意大利航海家阿美利哥沿哥伦布的足迹一路西进，考察了今天的南美大陆东海岸。他认为这里不是亚洲东部，而是一块新大陆。1507年，德国地理学家马丁·瓦尔德塞弥勒在出版的《世界地理概论》中，将这块大陆标为"阿美利加"，这是阿美利哥名字的拉丁文写法。西班牙航海家巴尔波亚在这块大陆考察时，在达利安地峡（今巴拿马地区）发现了另一个海洋（后来被称为太平洋）。很多航海家相信越过这个海洋就可以到达东方，麦哲伦就是其中之一。

与此同时，教皇子午线使葡萄牙垄断了通往印度的贸易，西班牙羡慕不已。西班牙表示教皇子午线是围绕地球一周的，他们希望能在分界线的西班牙一侧找到生产香料的岛屿。在这种背景下，麦哲伦环球航行的壮举诞生了。而麦哲伦环球航行也使得西葡两国围绕教皇子午线的争夺扩展至亚洲。

三、你知道麦哲伦的故事吗？

1480年，麦哲伦诞生于葡萄牙。此时的葡萄牙正处于海外探险的热潮之中。麦哲伦8岁的时候，葡萄牙航海家迪亚士发现了好望角。4年后，哥伦布发现美洲大陆。麦哲伦18岁时，葡萄牙人达·伽马绕过好望角，到达印度。随后，麦哲伦参与了印度和马六甲等地的探险和殖民活动。在不断的探险活动中，他成为一名经验丰富、意志坚强的探险家。

16世纪初，西班牙航海家巴尔波亚发现了美洲大陆以西的新海洋。麦哲伦知道，亚洲东部同样是一片浩瀚的海洋。他认为这两处海洋应该是一个，向西绕过美洲能到达东方，于是萌生了环球航行的念头。但他的计划被葡萄牙国王拒绝了，因为葡萄牙已经控制了绕道好望角通往东方的贸易线，开辟新航道不仅面临巨大风险，还可能会威胁到已有的航线。

历史机遇再次与葡萄牙擦肩而过。同哥伦布一样，被拒绝的麦哲伦来到西班牙，西班牙答应了麦哲伦的要求。1519年9月20日，麦哲伦率领由5艘船、265名船员组成的船队出发了。船队沿南美海岸向南航行，搜索可以绕过美洲的海湾。但越往南走，越靠近南极，气候越寒冷，沿途越荒凉，船员们越焦躁。中世纪的海事法规定，船员有权利拒绝参加危及自身生命的航海活动。1520年3月，船队到达南美巴塔哥尼亚（今阿根廷地区），船队中的3艘船上发生了叛乱，麦哲伦冷静地镇压了叛乱。

在接下来的艰难探航中，一艘船不幸沉没。1520年10月，船队发现了一条狭长的海峡。经过20多天的艰难航行，船队穿越海峡，进入一个新的大洋。这个海峡后来被称为麦哲伦海峡。

然而，欢庆胜利的船队很快发现，船队中装载食物最多的大船失踪了，食物更少了。出于对前方未知海洋的恐惧，麦哲伦曾经的好友率船逃回西班牙，为了掩饰脱逃的事实，他们谎称麦哲伦叛变了。西班牙国王非常愤怒，麦哲伦被缺席定罪，他的两个未成年的孩子和妻子相继在贫困中病逝，麦哲伦对此却一无所知，直至他本人也死在途中。

毫无价值的等待和寻找又白白耗费了8天的食物，麦哲伦决定继续前行，向这个陌生的海洋发起了挑战。这是一片风平浪静的海洋，船员们一致称之为"太平洋"。然而，这片平静的海洋是一个平静的地狱。麦哲伦最初认为这片海洋是亚洲附近的一个"巨大海湾"，印度和中国就在海湾附近。然而这片海洋的宽广超出所有人的想象。船队在这片海洋上航行了3个多月，几乎连岛的影子都没发现，更没发现任何人的痕迹（船队因航线问题，不幸错过了塔希提岛和萨摩亚群岛）。这是一次超越极限的航海，船上的食物早已变质，淡水早已发臭。缺乏食物与淡水的船员们甚至用包裹船帆的皮革来果腹。老鼠成了当时最珍贵的食物，据说一只老鼠可以换半个达克特（当时欧洲的一种货币，半个达克特约等于1.8克黄金）。

即便如此，麦哲伦依然拖着疲惫的身躯坚持测量，制作航海图。幸运的是，崩溃边缘的麦哲伦船队在马里亚纳群岛遇到土著居民，并得到补给。如果错过了这里，整个船队可能要全军覆没了。

船队继续航行，到达菲律宾。麦哲伦惊讶地发现自己之前在亚洲购买的马来奴隶居然能用马来语同当地人交流，于是他便意识到自己已经到达亚洲了，他要成功了。

由于葡萄牙更早到达了亚洲，麦哲伦决定在当地建立西班牙的殖民地来对抗葡萄牙。为了征服当地马库坦岛的酋长拉普拉普，麦哲伦率领49名士兵发动了进攻，遭到对方上千人的反击。一个几乎就要完成空前壮举的航海家就这样被杀了，最后连尸体都没有找到。

麦哲伦死后，剩下的船员匆忙离开。由于缺乏船员，船队不得不放弃了一艘船。离开时，船队在当地购买了大量的香料。由于货物太多，剩余两艘船中的一艘船发生船舱进水，船队又不得不将其放弃。最后，返航的船队绕过好望角，在1522年9月6日回到西班牙，完成了历史上首次环球航行。船队出发时有5艘船、265名船员，回到西班牙时只剩下1艘船、18名船员。但这一艘船携带的香料等货物共卖了7 888 684枚西班牙金币，不仅能弥补船队的全部消耗，还获得了一大笔利润。

随着西班牙人进入亚洲，葡萄牙和西班牙在亚洲的争端再起。由于缺乏精确的测量技术，两国都表示盛产香料的摩鹿加群岛属于自己的势力范围。由于葡萄牙人在这里的统治已经巩固，再加上西班牙因打仗正缺钱。1529年，两国订立了《萨拉戈萨条约》，将之前教皇划定的分界线东移15度（经度），西班牙国王

第五章 欧洲思想解放运动与新航路的开辟

将摩鹿加群岛的一切权力以35万达克特的价格卖给了葡萄牙国王。根据这项条约，澳大利亚在西班牙的势力范围之内，但西班牙对澳大利亚并没有兴趣。

史海泛舟

麦哲伦在航海途中记录的珍贵航海日志全部丢失了，因为包括返航船长卡诺在内的幸存者中，很多人参与过航海途中在南美巴塔哥尼亚附近的叛乱。而因叛乱被麦哲伦处死的人有的是王室心腹，有的是萨维利亚大主教的亲信，如果航海日志保留下来，会对他们非常不利。很长一段时间里，返航船长卡诺把持了环球航行历程的话语权，也窃取了本应属于麦哲伦的"环球航行第一人"的桂冠。中途逃跑的戈默茨则偷走了"通往太平洋的通道"（即后来的麦哲伦海峡）发现者的荣誉。然而正直的船员皮嘉费塔坚决站在麦哲伦一边，不断为这个已经不能做出辩解的人作证。最终，荣誉属于麦哲伦。

人物小史

德雷克，英国伊丽莎白时代著名的海盗、航海家和政治家。他多次劫掠西班牙到美洲的运输船，打破西班牙对大西洋的海上垄断。在躲避西班牙追捕期间，他发现了麦哲伦海峡之外，大西洋通往太平洋的第二条通道——德雷克海峡，并在麦哲伦后完成环球航行。1588年，德雷克又率领以海盗为主体的英国海军击败了当时的海上霸主——西班牙"无敌舰队"。从此，英国逐渐取代西班牙成为海上霸主，而德雷克则被封为英格兰勋爵，登上海盗史上的荣誉巅峰。

白令，出生于丹麦的航海家。1728年，他奉俄国沙皇彼得一世的命令，考察西伯利亚地区的海岸，发现了连通北冰洋和太平洋的海上通道，这一通道被命名为白令海峡。以他的名字命名的地名还有白令海、白令岛和白令地峡。

伴随着新航路的发现，新世界的大门打开了，世界开始连成一个整体，大规模的殖民扩张活动也随之来临。哥伦布、麦哲伦这些航海家把握住时代脉搏，勇敢地走向海洋，大胆地追求财富、理想与荣誉。他们的成功让自己彪炳史册，却给所到之处带来了灾难，广大亚非拉地区承受了随新航路开辟而来的苦难，也迎来了现代文明的曙光。

参考文献

[1] 吴于廑，齐世荣.世界史：近代史编：上卷 [M].北京：高等教育出版社，2011.

[2] 王挺之，徐波，刘耀春.新世纪的曙光：文艺复兴 [M].北京：中国青年出版社，1999.

[3] 茨威格.历史上最伟大的探险家 [M].廖昌才，译.上海：上海科学普及出版社，2014.

[4] 刘建军.论欧洲文艺复兴运动新文化的多重起源 [J].东北师大学报（哲学社会科学版），1999（2）：63-72.

第六章
大国崛起与瓜分世界狂潮

第六章 大国崛起与瓜分世界狂潮

第一节 《大宪章》，光荣革命

1644年7月发生的马斯顿荒原战役中，代表英国议会的克伦威尔率领议会军击溃了王党军队，掌握了战略主动权，奠定了英国资产阶级革命胜利的基础。这次革命给英国乃至世界带来什么影响？让我们走进英国，走进斯图亚特王朝。

一、为什么一部法律能限制国王的权力？

在讲述英国资产阶级革命前，必须提及一份历史文件——《大宪章》，它与英国资产阶级革命，有点像"前奏"和"主旋律"的关系，就像是某个电影的预告片和完整剧情的关系，虽然只是一个片段，却暗藏着整个故事的精髓。

《大宪章》就像是一份古老的合同，是为限制国王的权力，保障人民的权利而制定的。当时，这可是一场国王权力与公民自由之间的对决。但这份文件并没有完全解决问题，只是开了个头，为后来的故事埋下了伏笔。然后，就有了英国资产阶级革命这一出戏。我们可以把《大宪章》想象成一颗种子，英国资产阶级革命则是这颗种子发芽并长成参天大树的过程。革命时期，人们觉得《大宪章》里的条文还不够，他们认为国王和政府还是管控的太多，于是他们开始反抗，要求更多的权利和自由。

最终，这场革命不仅带来了政治结构的改变，更为英国的未来奠定了更加开放、民主的基础。所以，虽然《大宪章》只是一个小小的文件，但它的影响却像是一波波的涟漪，激荡着整个历史的长河。

事情还要从英国历史上最失败的国王——约翰一世说起，他是金雀花王朝的第三位国王、亨利二世之子、"狮心王"理查一世的弟弟。此人在位期间，金雀花王朝的实力一落千丈，在与法国的战争中屡屡战败，致使英国丢失在欧洲大陆的许多领土，约翰一世因此被后人称为"失地王"。在1215年的一个清晨，温莎城堡的宁静被远处的马蹄声打破。数十位英国贵族带着佩剑，集结在温莎城堡外

的草地上。他们的目标很明确：向一直专断蛮横的国王约翰提出要求，要求他遵守法律，不再侵犯他们的权利。贵族们的随从和一大队铁甲骑兵潜伏在附近的树林中，一旦谈判破裂，他们就准备全军出动，向温莎城堡冲锋。

没过多久，国王约翰一世一行来到草地上，国王漫不经心地下了马，一名贵族代表迎上前去，向国王献上了一小卷羊皮纸，上面写着"国王在没有征得贵族同意时，不可随意收取赋税，也不能任意向臣民勒索财款……不经同等身份的人的合法裁决和本国法律的审判，国王不得将任何人逮捕囚禁，不得剥夺其财产，不得施加任何刑法折磨……"，还有很多的"不得这样、不得那样"。最后一条令约翰一世皱了皱眉头，这一条写着："假如国王违背诺言，贵族则有权拿起武器驱逐暴君……全国人民都应站在起义者这一边……"

据说当时温莎城堡外的青草地上气氛凝重，空气似乎都要凝住了。但出乎贵族们意料的是，国王竟点了点头，表示同意，并将这卷羊皮纸——"贵族权利纲领"转给了他的大法官。然后，约翰一世不失尊严地离开了这片绿草地，返回了温莎城堡。

四天后，以这卷羊皮纸为蓝本、经大法官们修饰敲定的"英国人民自由契约"——《大宪章》诞生了，它是人类历史上第一部宪法的雏形。

往事钩沉

英国历史上著名的国王

（1）威塞克斯王朝——阿尔弗雷德一世

威塞克斯王朝期间，英国部分地区被北欧海盗侵占。阿尔弗雷德一世在位期间励精图治，通过改革军队，创新战术，终于打败了北欧海盗，收复了所有被北欧海盗侵占的领土，因此被后世尊称为"阿尔弗雷德大帝"。

（2）金雀花王朝——理查一世

理查一世自幼热爱军事，继承父亲的王位之后，多数时间都在战场上度过，因为勇猛善战，得到了"狮心王"的绰号。理查一世最出色的战绩是担任第三次十字军东征的统帅，先后三次打败了萨拉丁一世，取得了十

第六章 大国崛起与瓜分世界狂潮

字军东征以来最辉煌的胜利，被誉为英国历史上最具军事才能的国王。

（3）都铎王朝——伊丽莎白一世

伊丽莎白一世在位期间，英国君主专制发展到顶峰。在伊丽莎白一世的励精图治下，英国迅速富强起来，完成了资本的原始积累，为日后成为世界上最富强的大英帝国奠定了坚实的基础。1603年，70岁高龄的伊丽莎白一世指定邻国苏格兰王国斯图亚特王朝詹姆斯一世继承王位，促使英格兰和苏格兰形成共主邦联。长久以来，英格兰和苏格兰战争不断，伊丽莎白一世的这个决定为英国完成国家统一迈出了最重要的一步，伊丽莎白一世因此被视为英国历史上最伟大的君主。

（4）汉诺威王朝——维多利亚一世

维多利亚女王在位期间，英国工业革命进入高潮，英国的政治、经济、军事、文化实力均发展至顶峰。这一时期，英国成为世界上最富强的国家，建立了遍及世界各地的殖民地，被称为"日不落帝国""大英帝国"。社会历史学家将这一时期称为"维多利亚时期"。

一场伟大的请愿使得一部伟大的法律诞生。虽然在13世纪的英国，贵族们并不懂得，也不关心人民大众的自由权利和议会的民主，但他们坚信一条原则——法律高于国王，连国王也不得违反！英国人通过诉诸法律的方式确定了统治者与人民之间的权利义务，以一个稳定的社会作为保障，再争取臣民最多的权利和最大的自由。

二、议会与国王之间的矛盾是什么？

17世纪中期的英国，政治氛围像一锅沸腾的热汤，内忧外患、权力与信仰的纷争交织在一起，让整个国家陷入了混乱之中。

查理一世是一个矛盾的人物，他热衷于战争，因此频繁向议会讨要资金，这让当时的议会颇为头疼，他们为了限制国王，提出了一份名为《权利请愿书》的文件，希望规范国王的行为，保护公民的权利。然而，这份请愿书却激怒了查理

一世，他视之为对自己权威的挑战，愤而决定解散议会，从此独揽大权，持续了长达11年之久。

然而，政治混乱并非唯一的问题，教会也在这场乱局中扮演了重要角色。坎特伯雷大主教决定将英国国教强加给苏格兰新教徒，这一举动激起了苏格兰人民的愤怒。他们认为这是对他们信仰自由的严重侵犯，于是义无反顾地开始了反抗，抵制坎特伯雷大主教的强行施压。

为了筹措经费镇压苏格兰人民的起义，查理一世于1640年4月13日召开新的国会，试图向议会征税，但遭到了资产阶级和新贵族议员的抵制，他们要求进一步限制王权，给予发展工商业的自由，但遭查理一世拒绝，并于5月5日解散了议会，史称短期议会。随着苏格兰起义军大举进攻，查理一世又被迫于1640年11月3日重开议会，这个议会一直存在到1653年4月20日，史称长期议会。在这次为期13年之久的议会中，当选的资产阶级与新贵族议员形成反对派，提出并通过了处死国王宠臣斯特拉福和劳德大主教的决议，以及限制王权的《大抗议书》等议案，急速激化了国王与议会的矛盾。历史学家一般将这次议会的召开视为英国资产阶级革命爆发的标志。

三、欧洲历史上第一个被送上断头台的国王是谁？

英国资产阶级革命时间跨度很长，过程也错综复杂，但总体上可以分为三个阶段，用三个词语概括就是"内战""共和"与"复辟"。

1. 内战

1642年，查理一世离开伦敦到达北方，纠集了一批王党分子宣布讨伐议会，从此拉开了内战的序幕。当时的战争形势如下：西北部是王党的势力范围，封建经济占优势，包括伦敦在内的东南部为议会所控制，资本主义经济较发达。1644年，马斯顿荒原战役中议会军击败王党军。1646年，议会军占领牛津，第一次内战以议会军的胜利而结束。1648年，王党军在南威尔士等地发动了第二次内战，议会军奋勇战斗。同年8月，王党军在东南方的科尔切斯特投降，内战结束。1649年1月，查理一世被推上断头台。

第六章　大国崛起与瓜分世界狂潮

2. 共和

1649 年 5 月，议会通过文件建立英吉利共和国，掌权的是独立派和新贵族。1650 年，克伦威尔远征爱尔兰和苏格兰，借此粉碎王党阴谋，瓦解平等派运动，广大军官和士兵获得大量土地，丧失了革命精神，成为保守集团的势力基础，为共和国建立独裁统治铺平了道路。1653 年，克伦威尔出任"护国公"，开始军事专制统治。共和国期间，英国被称为英格兰共和国或英格兰联邦共和国。在这个时期内，议会成为最高权力机构，共和国的统治者是由议会选举产生的执政官，即"护国公"。英国在这个时期实行了一系列的政治、经济、文化和宗教改革，促进了资本主义和新教的发展。

3. 复辟

克伦威尔去世后，他的儿子没有能力治理国家，所以议会请回了在法国路易十四那里流亡的查理二世。查理二世在回国前发表宣言，包括三点内容：第一，宗教自由不苛求；第二，反王党分子不追究；第三，战时分的土地不回收。英国人相信了他的话，热情地邀请他回国，查理二世戴上王冠，斯图亚特王朝复辟。

查理二世坐稳王位后，立刻翻脸，推翻了之前的承诺，开始为父亲复仇。他将死去的克伦威尔从棺材里掏出来，拖着尸体在整个伦敦游街，然后在查理一世被行刑处砍下克伦威尔的脑袋，将其插在一根长棍上继续游街。游行结束后，克伦威尔的头颅被钉在威斯敏斯特教堂的墙上，任凭风吹日晒，长达二十多年。

四、"光荣革命"真的"光荣"吗？

1685 年，查理二世去世，英国议会经过内部的斗争后，支持信奉天主教的詹姆斯二世继任王位。当时，英国议会的算盘是，詹姆斯二世只有一个与前妻所生的女儿玛丽，玛丽信奉新教，詹姆斯二世死后，英国的宗教就可以改为新教。

詹姆斯二世上任后，不顾国内普遍反对，违背以前政府制定的关于禁止天主教徒担任公职的规矩，委派天主教徒到军队任职。此后任命更多天主教徒到英国政府部门、教会、大学担任重要职务，同时残酷地迫害清教徒，还向英国工商

业主要竞争者——法国靠拢,危害资产阶级和新贵族利益。这些行为立刻引发了英国民众的不满,但是还不足以彻底激怒议会,因为当时詹姆斯二世无子,所以他死后只能传位给自己的女儿玛丽,而詹姆斯二世将这位公主嫁给了信奉新教的威廉,因此玛丽信奉的是新教。只要詹姆斯二世一死,英国的天主教也就不复存在。但是,议会没有想到,詹姆斯二世在1688年6月喜得一子。见此情况,议会中包括辉格党和托利党在内的多数人都出来反对詹姆斯二世,决定废黜这名国王,邀请玛丽和她的丈夫威廉共同执掌王位。

1688年11月5日,威廉率领1.5万人,400艘运输船,53艘军舰在托贝登陆。詹姆斯二世仓皇出逃德意志,途中被截获送回伦敦。后经威廉伉俪同意,詹姆斯二世流亡法国。议会重掌大权后,于1689年1月在伦敦召开议会全体会议,宣布詹姆斯二世退位,由威廉和玛丽共同统治英国,称威廉三世和玛丽二世。同时国会向威廉提出《权利宣言》。宣言谴责詹姆斯二世破坏法律的行为,指出以后国王未经议会同意不能终止任何法律效力;不经议会同意不能征收赋税;天主教徒不能担任国王;国王不能与天主教徒结婚等。威廉接受宣言提出的要求。宣言于当年10月经议会正式批准定为法律,即《权利法案》。由于这场革命并未产生死伤(即"不流血"),故称"光荣革命"。至此,代表民意之英格兰国会与代表君主绝对权力之英国国王近半个世纪的斗争,以议会的胜利而告结束。但是,"不流血"只限于在英格兰的土地上,詹姆斯二世逃亡法国后,苏格兰与爱尔兰面对国王被逐的剧变,许多人基于天主教信仰及封建法规而效忠詹姆斯二世,反对威廉和玛丽的夺位,选择对抗英格兰大军。之后威廉三世出兵镇压反抗,在苏格兰与爱尔兰发生激烈的流血事件,特别是在天主教占多数的爱尔兰中南部,并由此衍生出北爱尔兰问题,至今仍困扰着英国。

哇!原来是这样

英国政党政治的演变

围绕詹姆斯二世的继承权问题,英国议会分化为两派,一派认为王室正统比较重要,宗教信仰可以暂不考虑,应该让詹姆斯登基,组成"托利党";一派坚决反对詹姆斯继位,反对所有天主教徒继位,组成"辉格党"。

第六章 大国崛起与瓜分世界狂潮

"托利"和"辉格"都是外来语。"托利"一词源于爱尔兰语,原意是指专门打家劫舍的天主教匪徒。保王派因为拥护天主教徒继承王位,被反对派讥骂为"托利党"。"辉格"一词则源于苏格兰语,本来是指残杀天主教士的强盗。因此,仇恨天主教的一派就被对手诬称为"辉格党"。两词虽属贬义,但反映了两党的根本倾向。两党非但不以为耻,反而引以为荣,都接受对方取的绰号作为正式名称,英国近代两大政党——托利党和辉格党由此诞生。

1832年,英国议会通过了《选举改革法》,拥有选举权的人范围扩大,参加选举的人数增多。在这种情况下,一个政治集团要在选举中获胜,就更要依赖政党这样的组织。在这次改革过程当中,托利党和辉格党分别更名为"保守党"和"自由党"。这是因为托利党一贯信奉保守主义,墨守成规,反对改革,所以得名保守党。而辉格党因为历来支持议会改革,带有某种自由主义倾向,故得名自由党。

保守党和自由党的出现是英国政党政治发展的重要转折点,它促进了两党制度的形成。之后,自由党与保守党轮流执政。自由党与保守党的竞争延续了近一个世纪,而后遇到了工党的挑战。

19世纪末、20世纪初,自由资本主义被垄断资本主义代替后,保守党逐步由土地贵族的党变为垄断资产阶级的党。与此同时,自由党逐步衰落,该党主张的自由贸易政策使英国丧失了"世界工厂"的垄断地位,大批工业资本家转向保守党。

19世纪后期,自由党内反对爱尔兰自治的成员另起山头,成立自由统一党,并在1912年和保守党合并。

随着工业革命的发展和工人队伍的不断壮大,工党崛起。

第一次世界大战期间,英国外敌临头,自由党、保守党以及当时刚刚成立的工党只能放下各自矛盾,组成联合政府。在后来的日子里,自由党逐渐被后起之秀工党所超,沦为国会第三大党。而与保守党轮流执政的也变成了工党,自由党被挤出了舞台。1988年,自由党和社会民主党合并,组成自由民主党。2010年英国大选后,为了共同的利益,自由民主党又与保守党组成联合政府。

如今,人们偶尔还是会用"托利党"来称呼保守党,但是"辉格党"这一政治术语则被留在了历史中。

第二节 独立战争，民主建国

在美洲大陆北部，有一个飘扬着星条旗的国家，它就是美国。这个国家虽然只有200多年的历史，但在欧洲文明的基础上，走出了一条自己的道路。这个国家是如何诞生的？它的诞生与英国、法国又有什么关系？让我们走进北美大陆，走进美国独立战争。

一、英属十三个殖民地为什么要闹独立？

1. 代价昂贵的争霸战争

17世纪到18世纪后期，随着资本主义的发展，英国成为殖民争霸战争的主角。为了获得原材料和巨额的商业利润，英国加快扩张步伐，在世界各地争夺殖民地，这使得其战争不断。1689年之后的近80年间，英法之间爆发了一系列争夺欧洲霸权和北美殖民地的斗争，最后以英国在"七年战争"（又被称为"法印战争"）中大获全胜告终。

> **史海泛舟**
>
> 七年战争是一场发生在1756—1763年，以英法为首的军事同盟之间的殖民争霸战争。普鲁士、葡萄牙等支持英国，奥地利、俄国、西班牙等支持法国。英王任命颇有胆识的威廉·皮特领导战事。皮特把英国正规军团以及大量国库资源投向北美，逐渐扭转了英国在北美战场上的不利形势。英国的战略重点是打击法国，摧毁法国的海上力量和夺取法国的殖民地。1758年，英军攻陷迪尤肯堡，改名为皮特堡（今匹兹堡）。接下来，英国军队与殖民地游击队多次打败法军，夺取了魁北克和蒙特利尔，英国在北美的胜利成定局。之后，英国在印度、非洲和远东的战场上击败了法

第六章 大国崛起与瓜分世界狂潮

> 国军队。1763年，英法双方签署《巴黎和约》，七年战争遂告结束，法国将其在北美、西印度群岛、非洲和印度的大片属地割让给英国，这标志着英国从此成为殖民霸主。

英军的胜利对北美殖民地和英国都产生了深远影响。对殖民地居民来说，他们摆脱了法国人的威胁；战争使分散的殖民地首次联合起来对付共同的敌人，也让其学会在斗争中维护自己的权益。对于英国而言，尽管打败了法国，成为殖民霸主，却付出了昂贵的代价。例如在七年战争之前，英国的债务在1.2亿英镑左右，战后其债务翻了一倍多。同时，为了管理新拓展的北美大陆领土，行政开支也大大增加。战前英国在北美殖民地的行政开支一年只有7万英镑，战后猛增了五倍之多。仗打完了，英国负债累累，北美殖民地却坐享其成。英国希望殖民地居民能承担点义务，即为自己在战后获得的好处多承担些费用。

从1763年开始，英国单方面向北美殖民地实施了许多新政策，以图更为直接地控制殖民地的政治、经济。比如，为了严格执行《航海条例》，议会宣布英国官员有权搜索一切殖民地的房屋、船只，查禁走私货物。1764年4月，议会通过《糖税法》，对殖民地进口的白糖、咖啡、白酒、亚麻、丝绸等物资进行征税，大大增加了北美商人的负担。1765年，英国又出台《印花税法》，要求殖民地使用一切印刷材料必须购买印花税，比如法律文件、海关文件、结婚证和报纸等，这将影响殖民地所有的人。1767年，英国财政部部长汤森提出向殖民地征收进出口货物税，如玻璃、铅墨、油漆、茶叶等，令殖民地人民深恶痛绝。

2. 殖民地人民的激烈反抗

英国议会自以为得计，但他们有所不知，这些在北美土生土长了几代的移民者已经自治了一个多世纪，"母国"这些加紧控制、剥夺财产的措施使他们感到失望，几乎到了忍无可忍的地步。因为征税权关系重大，殖民地居民认为只有他们派代表参加的议会才有向他们征税的权力，提出了"无代表，不纳税"的主张。但英国议会中没有殖民地居民的代表，他们认为英王随意征税就是暴政。

> **头脑风暴**
>
> （1）殖民地人民反抗英国的根本原因是什么？
>
> （2）你如何看待"无代表，不纳税"这一口号？它反映了北美民众的哪些意识？

《印花税法》公布后，最先吹响"叛逆号角"的是弗吉尼亚州，这归功于当地颇具声望、擅长演讲的帕特里克·亨利。1765年5月，亨利起草了一份决议，宣称"只有弗吉尼亚议会才拥有唯一的、单独的、专门的对弗吉尼亚征税的合法权"。决议遭到否决，亨利也被指责为叛逆，亨利的回答成为经典："如果这算是叛逆，那就算叛逆好了！"

在抵制英国的行动中，本来并不团结一致的殖民地发现了共同利益，各殖民地认识到了联合起来的必要性。1765年10月，在马萨诸塞的倡议下，9个殖民地的27名代表聚集在纽约商量对策，他们共同起草了一份请愿书送往英国，要求废除《糖税法》和《印花税法》。与此同时，殖民地决定共同抵制英国货，一些非正规组织，如"自由之子"①鼓动人们行动起来，抵制行动在有些地方发展为暴乱。最终，《印花税法》被迫撤销。

1773年，英国议会为了帮助东印度公司摆脱财政困难，又通过了《茶税法》，允许东印度公司将茶叶存货卖往殖民地时无须像本地商人那样缴纳正常关税。这使得东印度公司的茶叶售价大大降低，从而拥有了垄断殖民地茶叶市场的能力。殖民地人民再次发起反抗运动，大力抵制英国茶叶。1773年12月16日，几十名"自由之子"化装成莫霍克印第安人，登上停在波士顿港口的茶船，打开茶箱，将东印度公司3艘船上的342箱茶叶全部倒入大海，这就是著名的"波士顿倾茶事件"。

---

① "自由之子"是为反对英国殖民统治在北美形成的激进民主主义的民间团体，致力于揭露英国议会的暴虐统治、组织请愿活动、捣毁税收机关等，并主张建立一个独立的国家。代表人物有约翰·亚当斯、约翰·汉考克等。

二、美国是怎么诞生的？

1. 震惊世界的枪声

一系列反抗运动发生后，英国十分恼火，决心采取高压措施，包括封锁波士顿港、加派驻守殖民地的军队等。殖民地也开始训练民兵、筹集军火，准备武装保卫自己的家园和自由。英王乔治三世强硬地发出最后通牒："如今骰子已经掷了，殖民地要么屈服，要么胜利。"

1775年4月，英国部队总指挥托马斯·盖奇将军接到命令，从波士顿出发搜查当地民兵在康科德囤积的军火。4月18日，盖奇派出近1000名英国士兵从波士顿赶往莱克星顿和康科德，企图趁殖民地居民不备夺取军火库。这么大的动作最终没逃过当地巡逻骑兵保罗·列维尔和威廉·道斯的眼睛，两人马不停蹄地赶到莱克星顿和康科德预先告密。待第二天凌晨英军到达莱克星顿时，已有近百名民兵严阵以待，发动突袭，美国革命的第一枪打响了。随后，英军继续向康科德挺进，却发现民兵已将大批军火转移，只好将剩余的军火销毁。在返回途中，英军不断遭到从四面八方赶来的民兵的袭击，英军损失惨重，伤亡人数众多。

2. 第二届大陆会议和《独立宣言》的发表

为了商讨殖民地面临的军事危机和其他问题，战争打响后的第3个星期，殖民地在费城召开了第二届大陆会议。对于要不要脱离英国而独立，代表间分歧比较大，马萨诸塞的塞缪尔·亚当斯和约翰·亚当斯这两位堂兄弟、弗吉尼亚的理查德·李等比较激进，主张独立；宾夕法尼亚代表约翰·迪金森则比较保守，希望与英国和解，继续受其保护；多数代表犹豫不决，希望能避免极端，找到一条中间道路。在各方僵持不下的情况下，托马斯·潘恩的一本小册子像催化剂一样点燃了殖民地民众追求独立的热情，这本小册子就是《常识》。《常识》措辞激烈，不仅直接谴责国王及其执政的政治体制，指出殖民地与英国脱离关系已是常识，而且声明英国已不再适合统治美洲大陆，就像卫星不能主宰太阳一样。《常识》的销量短期内猛增到50多万本，在殖民地平均5人一本，大大传播了自由、平等的思想。

人物小史

托马斯·潘恩

托马斯·潘恩（1737—1809），英裔美国思想家、作家、政治活动家、革命家，激进民主主义思想的代表人物。潘恩生于英国诺福克郡，曾继承父业做过裁缝、教师、税务官员，后因为有"反政府"思想被免职。潘恩流亡到美国，其才学受到富兰克林的赏识，受其推荐在费城担任《宾夕法尼亚》杂志的编辑，也正是从此时，潘恩开始投身于欧美革命运动。

美国独立战争期间，他撰写了铿锵有力并广为流传的小册子《常识》，极大地鼓舞了北美民众的独立情绪。后来，受法国大革命的鼓舞，潘恩写了一本《人权》，与当时英国的保守主义思想家爱德蒙·伯克论战，成为促成法国大革命转向的重要著作。因为其思想太过激进，英美两国都不能容忍，他被迫旅居法国。在法国，他又写下了《理性的时代》，表达了强硬的反宗教立场，雅各宾派认为他是反革命，把他关进了监狱。

潘恩在法国被营救出狱后一直颠沛流离，1802年在杰弗逊总统的邀请下返回美国。1809年6月8日潘恩在纽约格林尼治村去世，享年72岁。

最终，殖民地绝大多数的代表都倾向独立立场。大陆会议继续召开，通过了一系列决议：将民兵改编为大陆军，任命华盛顿为总司令；开始与外国军队联系，进行合作；建议各殖民地成立新政府；选举《独立宣言》起草委员会等。1776年7月4日，大陆会议一致通过由杰斐逊起草的《独立宣言》，宣称人人生而平等，每个人都享有生命权、自由权和追求幸福的权利。这份宣言还列举了英国统治者的一系列暴政，及其对殖民地的伤害和侵犯，号召殖民地人民奋起反抗；并在最后宣告北美13个殖民地脱离英国而独立。从此，一个新兴的国家——美国，在世界上诞生了。

第六章 大国崛起与瓜分世界狂潮

三、法国为什么要送给美国自由女神像？

1. 独立战争的转折

在独立战争的前期，大陆军人员数量、武器装备、后方供给等都比不上英国强大的正规军。但在华盛顿的领导下，大陆军克服了重重困难，顽强地生存了下来，并不断地发起对英军的偷袭。而英军将领骄傲自大，没有具体的作战计划，多次丧失围歼殖民地军队的机会，最终从有利地位陷入不利困境。

1777年，独立战争进入了非常关键的时刻。英国政府决定调集三路军队，从北边加拿大、西边安大略湖和南边纽约出发，三面围攻华盛顿驻地，企图消灭北美大陆军的主力。同年9月，约翰·伯戈因率领英军自加拿大出发向南进攻，按计划他将与另外两路英军会合，不承想其他两路军队半道改变作战计划。在遭到美国民兵的迎头痛击后，伯戈因孤军作战，既不能继续前进，也不能后退。10月，人数大大占优的民兵们一举把陷入困境的伯戈因包围在萨拉托加以北的密林里。伯戈因军队弹尽援绝，走投无路，6000余名英军被迫于10月17日向大陆军投降。"萨拉托加大捷"扭转了整个独立战争的战局，不仅增强了美国人民争取胜利的信心，也为美国人民的抗英斗争创造了有利的国际条件。

2. 法国的公开支持与援助

为了报"七年战争"战败的一箭之仇，法国一直在暗中支持北美大陆军。萨拉托加大捷后，美国战争获胜的可能性大幅提升。法国国王路易十六开始公开承认殖民地独立的合法性，并于1778年与北美签订了《美法同盟条约》，决定双方合作打击英国。

盟约的签订标志着美国的民族独立开始得到国际承认，打破了其在国际上的孤立状态。法国直接派了40个步兵团和4个骑兵团去殖民地本土援助美国，直接参战人数达到16 500人，同时派出一支由18艘战舰组成的法国舰队驶向美国海岸抗英。另外，法国为美国提供了超2亿美元的贷款，美国用这些钱购买战争必需的枪支弹药、军装粮草等物资，还支付军饷和国内债券的利息，对独立战争的胜利起了重大作用。1781年约克镇大捷后，美国在与英国的和平谈判中处于有利地位。1783年9月，英美两国在巴黎签订《巴黎和约》，英国权衡利弊后做出让步，正式承认美国独立。

3. 自由女神像——法国送给美国的百岁贺礼

转眼到了1875年，曾经支持过美国独立的法国早已不再是欧洲大陆最专制的国家，在经历了革命和复辟的反复较量后，最终成立了法兰西第三共和国。在美国诞生即将100周年之际，出于对大西洋彼岸共和国的赞许，也为了增进法美两国人民的情谊，法国的一批知识分子提议自发筹资，建造一座自由女神像，为美国建国100周年献礼。

法国雕塑家弗雷德里克·巴托尔迪和工程师古斯塔夫·埃菲尔承担了这一重任，他们于1875年开始设计这座雕像。因为难度大和经费短缺等问题，自由女神像的建造并不是很顺利，直到1884年才在法国初步完工。1885年6月，自由女神像被分成210块打包装箱后搭乘军舰从巴黎运抵纽约，被正式赠给美国。又经过工人们一年多紧张的组装工作，1886年10月28日，自由女神像终于在美国纽约港口公开亮相。自由女神像重200多吨，高46米，底座高45米，整座铜像以120吨钢铁为骨架、80吨铜片为外皮，由30万只铆钉装配固定在支架上。自由女神身着古罗马风格长袍，右手高擎长达12米的火炬，左手紧抱一部象征美国《独立宣言》的书板，上面刻着"JULY IV MOCCLXXVI"字样（代表1776年7月4日），脚下残留着被挣断的锁链，象征暴政统治已被推翻，美国人民获得了自由。

> **趣闻联播**
>
> **自由女神像是如何打造和矗立起来的？**
>
> 设计师巴托尔迪对美国共和制度赞誉有加，古希腊和罗马神话中自由女神的形象给予了他献礼的灵感。在具体的创作中，他以妻子的形体作参照为女神身体定型，而容貌则以自己的母亲为原型来塑造，凸显端庄、威严的特点。为了方便运输，他没有用实心的铜、铁或者石材雕刻，而是采用了铜片镶钉法：自由女神像全部由薄铜片打造和拼接而成。但如何把一个高达数十米的铜像支立起来？曾设计出埃菲尔铁塔的工程师古斯塔

第六章　大国崛起与瓜分世界狂潮

夫·埃菲尔解决了这一难题。埃菲尔设计了一个钢铁结构，主体由四只基脚组成，基脚结构之上再按比例横插三组分杆，以固定整体框架。这样，自由女神像的"肌肤"就可以一块块地镶嵌到"骨架"上。

　　自由女神像好不容易打造好，如何在美国"安家"又成了难题。美国政府虽同意接收法国人民的厚礼，但国会拒绝为修建自由女神像基座提供 10 万美元的拨款。美国报业大亨约瑟夫·普利策被大大激怒了，他在《世界报》头版发表社论："自由女神像无处安身，对纽约市、对共和国而言完全是难以洗刷的耻辱！现在只有一个办法能拯救女神像，那就是必须尽快筹款！"普利策带头捐了 250 美元，并不断写文章号召普通民众参与捐款。短短四个月，共有 12 万美国人参与捐款，《世界报》成功筹集到了 10 万美元。随后，八角星状的巨型基座在纽约港的贝德罗岛建成，为女神像的矗立做好了准备。

第三节　财政危机，三级会议

　　法国位于欧洲大陆的最西端。三百多年前，它凭借路易十四的强大王权称霸一时。19世纪，它拥有的海外殖民地仅次于英国。这里曾经孕育出影响近代世界的启蒙运动，曾经进行过各种社会理想的实践。法国这个弥漫着激情和理想气息的国家，究竟凭借着什么力量，在风云变幻的历史进程中一直呈现出别样的风景？

一、你知道"锁匠国王"与"赤字夫人"吗？

　　18世纪，统治法国的是波旁王朝，当时在位的国王是路易十六，此人在治理国家上没什么本事，但是在手工活方面可是一绝，尤其是他造出的锁，可谓匠心独运，造型别致。他曾经造出过一把松鼠形状的锁具。开锁的时候，只要用钥匙去扭动"松鼠"，"松鼠"就会频频点头，摇尾乞怜。还有一把"蝾螈"锁，把钥匙插进后转动三圈，"蝾螈"的嘴中就会喷出水来。如今，仍有十几把由路易十六亲手制作的精美锁具保存在法国的博物馆中。

　　路易十六的妻子名叫玛丽·安托瓦内特，是奥迪女王特蕾莎的小女儿。她从小养尊处优，最终养成了桀骜不驯的叛逆性格，并且极度爱慕虚荣。据记载，玛丽嫁到法国后，路易十六非常宠溺她，甚至把爷爷路易十五送给杜巴里夫人的小特里亚农宫送给了她。玛丽特别喜欢这个宫殿，从世界各地搜罗奇珍异宝装扮这个属于她的私人乐园，据说为此花费了大约80万法郎，相当于法国普通工匠四口之家800年的生活费。另外，玛丽还对奢侈品没有抵抗力。据说，她在法国拥有超过两百个衣柜，每个衣柜中都有无数进口丝绒、量身定做的衣服、各式各样的帽子以及各地的名贵珠宝。如此挥霍无度，最终导致法国国库入不敷出，法国老百姓对此恨之入骨，称玛丽为"赤字夫人"。

第六章 大国崛起与瓜分世界狂潮

> **往事钩沉**
>
> ### 波旁王朝在法国的统治
>
> 波旁王朝是波旁家族在法国、西班牙和意大利建立的封建王朝，因9世纪末艾马男爵的封地在波旁堡而得名。公元1589年，法国瓦卢瓦王朝的国王亨利三世遇刺身亡，与其有血缘关系的亨利三世继承法国王位，建立法国波旁王朝，为了与前面的亨利三世区别，他在法国称亨利四世，并且后世都以亨利四世称呼他，从此波旁王朝开始了在法国的统治。波旁王朝在法国的统治最为著名和强大，从亨利四世开始，后面的国王依次是路易十三、路易十四、路易十五、路易十六，其中路易十四在位期间是波旁王朝的极盛时期，法国成为欧洲最强大的国家，路易十四自称太阳王，是欧洲历史上文治武功最显赫的君主之一，著名的凡尔赛宫也是路易十四修建的。

二、山雨欲来，为何风满楼？

波旁王朝统治者的穷奢极欲成为引爆法国大革命的重要导火线，但当时法国社会的麻烦远不止于此，可谓是天灾人祸不断。

先说天灾。1783年6月8日，冰岛南部的拉基火山喷发，大量的火山气体使欧洲大陆大部分地区受到影响，法国受害尤其严重。火山灰遮天蔽日，就像是在法国上方罩了一层不透气的塑料大棚，导致夏季高温，冬季阳光照不进来，寒冷而漫长。受气候影响，法国本就脆弱的小农经济遭遇了空前的危机，各地都出现了大规模的农作物歉收。据史料记载，1785年，法国旱灾；1788年春天，法国大旱；1788年7月13日，法国遭遇有记录以来最大规模的冰雹，鸡蛋般大小的冰雹覆盖了法国的主要农作物产区；当年冬季，法国又遭遇了18世纪以来最寒冷的冬天。持续将近十年的天灾让法国很多地区民不聊生，通货膨胀十分严重，面包等必需品价格大幅上涨。1788年，法国贫困家庭的一半收入花费在面包上，到了1789年，迅速涨到了80%。

再说说人祸。1756—1763年，法国在与英国的"七年战争"中惨败，丧失

了在北美的大片殖民地,在印度的势力也几乎完全丧失,英国从此成了海上霸主,并取得了欧洲的霸权。对此,法国耿耿于怀,于是在北美独立战争期间出钱出力。这次法国总算是赌对了,但是付出的代价有点儿大——为此花掉了15亿法郎!

三、从哪里搞钱呢?

时运不济的法国在天灾人祸的冲击之下国库亏空,路易十六很是上火,从哪里搞到钱成了当务之急。他任用了两任财长为自己筹钱。最先上任的是杜尔哥,此人主张从农业搞钱,禁止强征农民服劳役,改向神职人员征税。他的政策一出,便遭到了贵族阶层的强烈反对。在国内巨大的压力之下,路易十六无奈免去了杜尔哥的职务。眼看从农业上找钱没有成功,国王接着找来了主张重商主义的瑞士银行家内克。此人上任后,便开始向各国借钱,一度缓解了法国的财政压力。但是欠钱总是要还的,为了偿还巨额债务,内克不得不压缩法国王室与贵族的开支,自然又得罪了许多人。内克受不了舆论的非议,索性主动提出了辞职。

从农业和商业搞钱都没有成功,路易十六实在没招了,于是接着换人。这次上任的是位律师,名叫卡隆。卡隆不愧是律师,其思想前卫,上任之初便想出一个大招——面向全国征税,全国国民不分等级,平等分担赋税,类似于现在的"众筹"。这个想法听着很美好,但需要解决一个大问题——当时的法国社会分为三个等级,前两个等级是神职人员与贵族,他们享有不交税的特权。想要实现普遍的征税,就得把三个等级喊到一起开个会,通过协商的方式使前两个阶级放弃特权,这个会议叫作"三级会议"。

但是,想让贵族们放弃特权谈何容易。最终,贵族们召开会议,给路易十六施加压力,撤掉了卡隆的职务。

接替卡隆位置的是布里埃纳,但是他也碰了一鼻子灰,最后回来收拾烂摊子的还是内克。他提出了一个折中的方案:三级会议还是得开,但是需要用投票的形式表决,开会的时候,第三等级的代表一票算两票,另外两个等级的代表一票只能算一票。

这下,既没有直接触动贵族的利益,也增强了第三等级的力量,全国上下皆

第六章 大国崛起与瓜分世界狂潮

大欢喜,大家都等待着开会解决问题。

哇!原来是这样

重商主义

重商主义是西欧资本原始积累时期代表商业资产阶级利益的一种经济理论和政策体系。它的基本前提是:充分挖掘国内资源,甚至榨取殖民地资源,这是国家生存的基础;把国内过剩产品输出到国外,出口必须大于进口,这是一个国家繁荣的条件。可见,其基本动机就是剥削殖民地,为英法殖民扩张制造舆论。重商主义的具体做法是:取消各种限制对外贸易的禁令,对出口商品免税,对进口商品荷以重税;发展本国工业,以制成品出口代替原料出口;发展航运业和转运贸易。重商主义这一名称最初是由亚当·斯密在《国富论》一书中提出的。

重农学派

重农学派创立于法国启蒙运动时期,视农业为财富的唯一来源和社会一切财富的基础,主要代表人物是魁奈和杜尔哥。重农学派的主要观点是:发展资本主义农业,建立以资本主义农村为基础的资本主义社会;主张自由生产、自由竞争和自由贸易,为19世纪盛行于西方的自由放任政策提供了理论基础。

四、为什么三级会议是法国大革命的导火线?

在万众瞩目之下,三级会议终于要召开了。第三等级的代表翘首期盼,等待财长内克宣读财政改革方案,为他们谋得利益,改善法国民众的艰难处境。但让他们失望的是,内克在大会上从头到尾都在念冗长的账单。

第三等级的代表对前两个等级代表的身份提出了质疑,要求审查代表身份,想知道这些代表是怎么选出来的,但是遭到了前两个等级的反对,双方爆发了一个多月的口水仗,谁都不服谁,第一、第二等级的贵族们提出成立一个独立议会。第三等级的民众也不服输,他们觉得自己的人数占了法国人口的96%以上,是真正的"国民",有资格成立代表全体国民的"国民议会"。

眼看着局面要失去控制，路易十六这时候出面发挥了他的特长——用自己造的锁锁上了第三等级开会的会议厅，不让第三等级的代表们进去开会。于是，第三等级的代表们决定前往凡尔赛宫不远处的网球场，在那里集会。最终，路易十六向第三等级屈服，下令将第一、第二等级与第三等级合并，成立"制宪会议"。

眼看着"逆臣贼子"越聚越多，甚至还拉拢了前两个等级，"赤字夫人"玛丽有些坐不住了，担心自己的奢华生活不保，于是利用娘家的关系，在巴黎城外纠集了一群外国雇佣兵待命，随时准备"灭火"。

新成立的制宪会议要求国王解散城外军队，路易十六拒不让步，而且免去了被国民寄予巨大期望的内克的职务。这下可捅了马蜂窝。从1789年7月13日开始，第三等级的部分代表走上街头，攻下了一个又一个阵地。到了14日清晨，整个巴黎几乎都被起义者拿下，只剩下一处坚固的堡垒还在国王手中。于是，人们高喊着口号"到巴士底去"，涌向巴黎的最后一座封建堡垒。这里关押着反对波旁王朝统治的政治犯，是法国封建主义的象征，如能攻下此地，不仅可以获取武器，还有重大的象征意义。战斗之初，人们因为缺少重武器，被敌人猛烈的炮火压制，根本无法接近监狱。于是，他们想尽办法，从各处找来生锈的古炮。一排排炮弹撞击在监狱墙上，打得烟雾弥漫，砖屑纷飞。可是因为围墙太厚，始终无法攻破，而起义者已经有了不少伤亡。两个多小时以后，一门威力巨大的火炮被拉来了，有经验的炮手也找到了，人们攻进了这座看似坚不可摧的监狱。这一天也拉开了法国大革命的序幕。

史海泛舟

法国大革命与拿破仑统治

法国大革命开始后，制宪会议成为国家最高权力机关，通过了多项法令，废除了种种贵族特权和封建地租。1789年8月，制宪会议还通过著名的《人权宣言》，宣称"人们生来而且始终是自由平等的"，宣告了人权、法治、自由、分权、平等和保护私有财产等基本原则。1791年，制宪会议制定了宪法，废除了旧制度，确立了新制度的基本框架。

第六章　大国崛起与瓜分世界狂潮

　　法国大革命引起周边一些封建国家的不安，普鲁士、奥地利组成联军进攻法国，干涉法国革命。1792 年 7 月，联军从王室成员处获得法军作战计划，击败法军，攻入法国，要求释放国王。法国各地人民拿起武器，组织义勇军救援巴黎。法国军队在瓦尔密击退侵略者，将敌人赶出国境。1792 年 9 月，法国宣布废除君主制，成立法兰西第一共和国。国王要求外国君主军事干预的信件随即被发现，巴黎民众要求惩办国王。1793 年，国王路易十六以叛国罪被送上断头台。同年 2 月，英国、荷兰、西班牙、普鲁士与奥地利等国结成反法联盟，再次进攻法国。在严峻的形势下，以罗伯斯庇尔为首的雅各宾派组成了救国委员会，打退了反法联军，把法国大革命推向高潮。但是，雅各宾派的打击面过宽，最后罗伯斯庇尔等人也在政变中被送上断头台。随后新的反法联军卷土重来，国家再次陷入内忧外患之中，此时的法国需要一个强有力的政权。

　　1799 年，拿破仑发动军事政变，建立军事独裁统治。在他的统治下，大革命时期所确立的资本主义经济制度得到了维护，但是他率领法军入侵一些欧洲国家，对当地人民进行压榨和掠夺，损害了被侵略国家人民的利益。1815 年，在欧洲各国的联合进攻下，拿破仑帝国覆灭。

　　法国大革命打击了欧洲其他国家的封建制度，革命思想也随着拿破仑军队传播到欧洲各地。

第四节 明治维新,"铁血政策"

20世纪70年代,美国、英国、德国、法国、意大利、日本、加拿大等七大发达国家经济体组成国际组织"七国集团",日本是唯一的非欧美国家。为何近现代的日本会在亚洲国家中独树一帜?其中的德国在世界近现代史上也扮演了重要的角色,那么德国又是如何诞生的?

一、幕府是如何形成的?

3世纪中叶,在现在的日本近畿(jī)地区形成了一个奴隶制国家——大和国。大和国逐渐扩张,5世纪时期已经控制了日本中部的大部分地方。大约在6世纪,大和国建立起较为稳固的中心政权,渐渐统治了除九州南部和东北北部之外的本州、四国和九州各岛。7世纪时,大和政权的统治范围进一步扩大,它的君主自称天皇,并把国号改为"日本",意思是日出之国。这就是今天日本国名的由来。645年,大和政权宣布正式将学习中国作为一项政策来实行,决心将日本改造成像唐朝那样的中央集权制国家,即"大化改新"。从7世纪初到9世纪末,日本先后十几次派出遣唐使团,学习中国文化。9世纪末,遣唐使废止,日本开始独立寻找自我发展之路。

这之后的日本在取得较大发展的同时,也产生了庄园制度,贵族和豪族随之兴起。当时,日本天皇想要在北部扩张势力的时候,却发现没有足够的作战能力,于是求助于豪族。在此期间崛起的平氏家族和源氏家族抓住了这个机会,于是专职的士兵开始出现,他们成了后来的武士阶层。平氏家族是最先崛起的,他们因为立了军功而被封官,家族领袖更是做到了太政大臣。由于平氏家族仗势跋扈,引起各方怨声。以仁王向各地武士发出旨令,讨伐平氏,源赖朝接旨举兵响应。虽然初战不利,但由于关东各地武士平时对平氏不满,自动向源赖朝聚集。两大武士集团经历多次会战,源氏接连获胜,平氏势力被一举扫灭。1192年,

第六章 大国崛起与瓜分世界狂潮

源赖朝被正式任命为征夷大将军,但他并没有将权力还给天皇,而是执掌全国政权,成为实际上的最高统治者。因为源氏建立的幕府位于镰仓,所以他们所建立的政权被称为"镰仓幕府"。

幕府统治在日本延续了近700年,其间还经历了政局动荡、群雄割据的战国局面。直到1603年德川家康受封为征夷大将军,在江户(今东京)建立了幕府政权(即德川幕府,也被称为"江户幕府"),并终结了日本的战国时代。此后直至1867年德川庆喜被迫宣布还政天皇(即"大政奉还"),共经十五代征夷大将军,历时265年,是日本历史上最强盛也是最后的武家政治组织。江户幕府时代是三大幕府之中制度最完善、国民最富强的一个时代,对后世的日本产生了深远的影响。

 史海泛舟

幕藩体制

德川家康建立了由幕府和藩国共同统治的封建制度——幕藩体制。在幕藩体制下,将军是日本的最高统治者,幕府是国家的最高政权机关。幕府统治着全国各地的藩国。各个藩国的统治者是大名,效忠于幕府,幕府对他们实行交替参觐制度。大名仍拥有很大的独立性,他们在自己的领地上拥有行政、司法、军事和税收等权力。

各个藩国的大名实际上分为三类,第一类是征夷大将军的亲属("亲藩"),领地被封在近畿附近;第二类是早年跟随征夷大将军征战四方的忠心家臣("谱代");第三类是战争中投降幕府,但仍不能取得幕府信任的大名("外样"),这类大名一般被封在边疆地区。在实行幕藩体制后,为了巩固政权,保卫领土,幕府又实行了闭关锁国的政策,这一政策直到明治维新后才被打破。可以说幕藩体制既有优点,又有不足之处。

二、天皇如何打败将军?

1. 锁国之困与民族之危

日本与欧洲最早的接触是在1453年,三个葡萄牙人到达日本,并带来了铁

炮、鸟铳等货物，之后葡萄牙便与日本建立了贸易联系。1584 年，西班牙的商船也来到了日本。当时，日本人称葡萄牙人和西班牙人为"南蛮"，称后来的英国人和荷兰人为"红毛"。

欧洲人带来了许多日本人此前闻所未闻的东西，比如西洋画、风琴、地球仪；也传播了新的科学技术，比如天文学、地理学、数学、医学等；西式火枪大炮的传入，还促进了日本的统一事业。他们还传播了新的宗教信仰以及文化观念。因此在日本战国时代有很多的武士乃至大名信奉基督教（主要是天主教）。基督教士于是利用大名想要通过进口武器、商品从而扩张发展的心理，获得了传教的自由。而信教的大名往往也会要求自己领土上的百姓一起信仰基督教。到了江户时代，德川幕府害怕基督教会颠覆自己的统治，因此禁止基督教的传播。德川幕府于 17 世纪 30 年代五次颁布锁国令，不准已出国之日本人回国，禁止与葡萄牙、西班牙等进行贸易，明确只容许荷兰人及中国人在长崎进行贸易，在部分地区特别开放对朝鲜、虾夷及西伯利亚、琉球等地的贸易。至于其他国家，则一律拒绝和它们来往。同时，全面禁止基督教的传入。这种锁国政策造成日本与外界隔绝，也阻碍了社会和经济的发展。

头脑风暴

明明是一个对外交流很方便的岛国，日本为什么在江户时代选择闭关锁国呢？

之前说到，德川幕府结束了混乱的战国时代，终于不用打仗了，那么百姓的生活是不是能稍微好过一点儿了呢？其实并没有。在德川幕府统治末期，农民每年要将收成的七成作为贡租上缴，供养尊贵的武士阶层，大名也禁止农民自由离开土地，对从事手工业和商业者征收接近七成的杂税。从 17 世纪到 18 世纪早期，农民起义和市民暴动接近一千次；中下级武士自身经济状况日趋恶化，对幕府统治不满；商人和新兴的地主阶级经济实力增强，政治权利较少，要反对幕府统治……幕府统治已危机重重！

而这时候，一句这样的俗语流传开来了——"汽船唤醒太平梦，喝上四杯再难眠"，这又是在说什么呢？

1853 年，佩里率领 4 艘舰船驶到日本江户湾口，要求将当时美国总统米勒

第六章 大国崛起与瓜分世界狂潮

德·菲尔莫尔的国书递交给日本官方。其主要目的是要求日本开放港口，建立贸易联系。美国舰队的到来使得日本上下一片恐慌。幕府将军德川家庆病重无法理事，于是幕府采取权宜之计，与佩里约定第二年给予回应，随即将情况上报天皇，并征求诸大名的意见。此后幕府内部展开了激烈的争论，但始终未果。次年2月13日，佩里率领更大规模的舰队再次前来，一直深入江户湾内，威逼日本。幕府只好接受美方要求，1854年3月31日在神奈川签订了《神奈川条约》（日方称其《日米和亲条约》），并在1855年获得天皇批准。根据条约内容，日本向美国开放下田和箱馆（今函馆市）两口岸；允许两国之间的贸易行为；为美国船只提供维护和补给，并为附近海域遇险的美国船员提供援助。美国在日本获得最惠国待遇，可在下田开设领事馆。于是列强闻风而来，荷兰、英国、法国、俄国等陆续与日本签订不平等条约。"黑船来航"之后，日本被迫结束锁国时代，幕府统治也进入末期。

哇！原来是这样

马修·佩里是19世纪中期美国东印度舰队的将领。因为其船队船身涂有防止生锈的黑色柏油并冒有黑烟，故其率舰队到日本的事件得名"黑船来航"。该事件导致日本向美国敞开大门，也是日本近代历史上德川幕府统治终结的开端。

趣闻联播

"荷兰人成了新老师"

江户时代，了解和介绍西方情况的洋学兴起，成为一门有社会影响的学问。因洋学初期主要是通过荷兰商人获取信息，故又称"兰学"。江户幕府锁国时期，西方国家中仅有荷兰的船只可以入长崎港，并在人工岛"出岛"上圈居停留聚集。其间的缘由，除了荷兰热衷贸易，还有一个主要原因就是在1637年爆发的"岛原·天草一揆（kuí）"事件中，荷兰使用自己军舰的舰炮配合幕府进行了镇压轰击。葡萄牙人离岛后，荷兰成为日本广泛了解西方科技与医学等新知识的唯一途径。

洋学传播了西方近代科学技术，而且使日本认识到自身的落后，为其向西方学习奠定了基础。

2. 维新与新生

19世纪中期的一系列危机使得幕府逐渐失去威信。同时，也正如日本近代著名思想家福泽谕吉所言："美国人跨海而来，仿佛在我国人民的心头燃起一把烈火，这把烈火一经燃烧便不会熄灭。"于是，并不怎么受幕府控制的外藩开始尝试与天皇接触，主张推倒幕府，将大政奉还天皇。在德川幕府统治的200多年里，武士构成了统治阶级的基础。在他们的上面是天皇、将军和各藩的首领大名。有的武士接受了良好的文化教育，成为有知识和教养的人，担任幕僚和行政官员，也有下级武士生活困窘，为维持生计开始从事商业、手工业，有的当医生、作家，有的沦为浪人。这时，一些有文化和政治经验的中下级武士不满幕府的统治，希望在社会改革中求得生机，成为倒幕运动的中坚力量。一部分中下级武士联合西南强藩和朝廷公卿发动了"倒幕运动"。

1867年日本孝明天皇去世，明治天皇即位。明治天皇于京都下密诏讨伐幕府。将军德川庆喜见大势已去，于1867年10月辞去将军职位，把政权奉还给明治天皇。1868年1月，明治天皇召开御前会议，宣布废除将军制，成立新的中央政府，并决定剥夺幕府全部权力，命令将军交出领地。这些决定使德川幕府极为不满，于是发动军队反抗。1868年1月底，在京都附近，幕府军战败，将军逃回江户，近畿以西各藩宣誓效忠天皇政府。天皇政府下令讨伐德川庆喜，得到广大民众的支持。1868年5月，政府军占领江户（不久改名为东京），德川庆喜投降。此后，其余地区的诸藩动乱也逐渐被平定。

哇！原来是这样

1868年（戊辰年）1月3日，日本天皇发布《王政复古大号令》，废除幕府，令幕府将军德川庆喜"辞官纳地"。1月8日和10日，德川庆喜在

第六章 大国崛起与瓜分世界狂潮

大阪宣布《王政复古大号令》为非法。1月27日，以萨摩、长州两藩为主力的天皇军5000人，在京都附近与幕府军1.5万人激战（即鸟羽、伏见之战），德川庆喜败走江户，戊辰战争由此开始。天皇军大举东征，迫使德川庆喜于1868年5月3日交出江户城，至11月初平定东北地区叛乱诸藩。1869年春，天皇军出征北海道，于6月27日攻下幕府残余势力盘踞的最后据点五棱郭（在函馆市），戊辰战争结束。

在扫除幕府残余势力的同时，新政府也在准备开展维新运动。1868年4月，日本天皇发表《五条御誓文》，正式开始维新改革。同年5月，江户改名为"东京"；9月，天皇启用年号"明治"。此后，政府实施了一系列改革，这就是明治维新。

（1）洋务运动和明治维新有何不同？中日两国命运为何会不同？
（2）明治维新和清末的戊戌变法有何关联？

在政治上，首先，明治政府将地方各藩的传统权力收归中央，改为府县制，今天日本仍然保存府、县的地方行政单位。其次，明治政府废除了传统时代的士农工商身份制度，也废除了下层民众"贱民"的称呼，并要求他们在规定期限内给自己取好姓氏。之前，日本下层民众都是有名无姓的，在政府命令下，一大批新的姓氏产生了。经济上，明治政府统一了货币，解除了土地买卖的限制，允许农民从事其他职业。同时，废除各藩关卡，兴建新式铁路，鼓励发展工商业。特别是扶持了一大批商社，比如三井、三菱等，今天我们仍能在日常生活中看到它们的产品。在军事上，政府创办军工业，如东京炮兵工厂，实施征兵制，建立了新式军队。陆军聘请了德国教官训练，海军则学习英国，还向军人们宣传武士道精神和忠君爱国思想。文化教育上，明治政府提倡学习当时先进国家的社会文化及习惯，马车开始在日本社会普及开来，礼服、皮靴、面包、牛奶、瓦斯灯和砖瓦房等纷纷涌现。同时，日本发展义务教育，选派留学生到英、美、法、德等当时的先进国家留学。

明治维新进行的时候，第二次工业革命正轰轰烈烈地在西方展开，日本奋起直追。经过20多年的发展，日本国力日渐强盛。从1894年开始修改不平等条约，至1911年全部废除，仅用了十几年时间，日本用夺回主权的方式洗刷了耻辱。

明治维新是日本历史的转折点，也是日本激荡的百年历史的新起点，从此，日本走上独立发展的道路，迅速成为亚洲强国，进而跻身世界强国。

史海泛舟

1871年12月23日，明治政府正式任命岩仓具视为团长，以大久保利通、木户孝允、伊藤博文为副手，率领50名团员、50名留学生出访欧美，探寻改革之路。使团最初是为了修改不平等条约。但修约不成功，只好把重点转向对西方文明的考察。在1年9个月里，先后考察了美、英、法、比、荷、德等12个欧美国家。1872年使节团到达英国，停留4个月，先后参观了英国主要的工业城市及工厂。同样是岛国，英国的蒸汽力量给了使节团深深的震撼。大久保利通说："到任何地方参观，均不见有地上的产品，只有煤和铁而已。工厂的盛况早有耳闻，此次考察方信名不虚传。到处黑烟漫天，大小工厂遍地，由此足知英国的富强原因。"使团的心情正如远山茂树所写："目睹彼邦数百年来收获蓄积之文明成果，粲然夺目，始惊、次醉、终狂。"

使团成员归来后，维新派战胜了留守派，开始大力推进维新立宪。

使团成员伊藤博文认为："国家富强之途，要在二端，第一开发国民多数之智德良能，使进入文明开化之域。"这也代表了明治政府对待教育改革的态度。1872年，明治政府颁发《学制令》，旨在建立完整的小学、中学、大学的近代学校体制；规定送儿童入小学受教育是家长的义务。日本50%的国民教育经费用于九年制义务教育，在明治维新后的半个世纪即完成了普及教育任务。1907年，日本小学的入学率达到了98%，创造了当时的世界纪录。到1910年，日本95%以上的男子、90%以上的女子都接受过教育。在日俄战争后，日本天皇很得意地说："打败俄国的不是日本军队，而是日本的小学教育！"

第六章 大国崛起与瓜分世界狂潮

3. 明治时代与日本的"脱亚入欧"

1868年10月23日,日本天皇睦仁宣布进入明治元年。"明治"这个年号出自中国的儒家经典《易经》中"圣人南面而听天下,向明而治",但后世回望这个时代,更喜欢将其解释为"开明的统治"。从明治元年开启的维新改革深刻地改变了日本。从全球史的角度看,明治维新的影响更波及整个东亚地区。因为它意味着古老的东方国家完全可以像西方国家那样以自己的方式迈入现代。它也为东亚提供了一种文明的范式,展示了如何通过仿效和竞争来跻身文明之国的行列。而它所蕴积酝酿的成为东亚霸主的野心,也将在70年后(第二次世界大战期间),用侵略造成人类史上最惨烈的灾难之一。1885年,福泽谕吉发表《脱亚论》,"不应犹豫等待邻国之开明而共同振兴亚洲,不如脱离其行列而与西方文明之国共进退",这样的口号或许也在昭示着些什么。

近代日本对中国的影响

中日两国都曾遭遇过西方列强入侵并开始改革之路。日本开始了"明治维新",中国进行了"洋务运动",不过日本的改革成功了,中国的失败了。1895年的甲午战败让中国人深感屈辱,1905年日本打败了俄国,也同样让中国人震撼。于是,中国的青年人想以日本为榜样,学习他们的经验,以最快的速度改变中国。那时候,中国的很多有志青年去日本留学,其中较有名的如李大钊和周恩来。在文化上,当时的日本算是中国学习西方的"中转站",许多新词被引了进来,比如"化学""进化""经济学"等。

明治维新前,日本的资本主义生产方式虽然形成并得到发展,但是仍然处于工场手工业时期,自然经济仍然占主导地位。资产阶级正在形成和发展,还不是一个独立而有力的社会阶级,很难支撑发动一场革命。资本主义的发展使农村中出现了新兴的地主阶级,他们占有大量土地,并且用资本主义方式经营。而由于土地仍然由封建领主所有,这些新兴的地主阶级与封建领主就产生了矛盾。同

时，中下级武士由于封建等级森严，上进无门，且由于资本主义的发展，物价上涨，他们的经济状况日益恶化，不得不开始进行资本主义性质的生产活动。这样走上资本主义发展道路，也就决定了日本的明治维新不可能彻底改革封建制度，而是仍然保留了大量的封建残余，表现在政治上，就是权力集中在中下级武士、一些大名手中。日本的明治政府本身就是一个藩阀政府；在经济上，则是确立了新兴地主阶级土地所有制；在军事上，日本军部直属天皇，是最肆无忌惮的势力。明治时期的日本尽管颁布了宪法，但神权体系依然强大，议会权力之小自不必说，内阁也十分脆弱。这都为后来的灾祸埋下了伏笔。

三、德意志帝国首任宰相俾斯麦，为何被称为"铁血宰相"？

1. 三十年战争与普鲁士的崛起

1617年，神圣罗马帝国的诸侯国波希米亚的王位空缺，哈布斯堡家族的狂热天主教徒费迪南大公成为这个地区的国王，而波希米亚是一个新教流行的地区，费迪南国王对波希米亚的新教徒进行了大规模迫害，1618年，波希米亚首都布拉格爆发了新教徒起义。国王的官员被愤怒的人们扔出窗外，这就是历史上有名的"第二次掷出窗外事件"。该事件成为一个导火索，原本隐藏在亲戚关系下的深刻矛盾一下子爆发了。"第二次掷出窗外事件"发生后，一场断断续续进行了三十年的战争爆发了。战争从波希米亚扩展到德意志，参加战争的国家也从最早的几个小公国变成了瑞典、丹麦这些国家，最后连法国、西班牙这些欧洲强国也加入。直到1648年，这场战争才以《威斯特伐利亚和约》的签订宣告结束。根据和约规定，法国、瑞典均获得了一些领土，而瑞士和荷兰（当时为尼德兰联省共和国）则正式宣告独立。三十年战争涉及的很多国家都是由哈布斯堡家族统治的，在战争中实力大损的哈布斯堡家族不仅没得到实惠，还失去了大片领土。一度称雄欧洲大陆的哈布斯堡王朝逐渐衰落，再也没能恢复昔日辉煌。

三十年战争极大削弱了德意志诸多公国的国力。不过鹬蚌相争，渔翁得利，在这场混战中，一个公国抓住机会崛起了，它就是普鲁士。

普鲁士公国的统治者来自霍亨索伦家族，15世纪初，神圣罗马帝国皇帝把勃兰登堡封给霍亨索伦家族作领地。17世纪，霍亨索伦家族又获得了普鲁士的

第六章 大国崛起与瓜分世界狂潮

统治权,将勃兰登堡与普鲁士合并,开始在各方面推行军国主义,以图扩张领土。普鲁士公国位于德意志的东北部,东边紧邻着俄国。三十年战争严重削弱了普鲁士的"老邻居们"的实力,普鲁士立刻抓紧时机扩充领土。在腓特烈一世在位时期,普鲁士军队的人数相当于全国居民的4%,国家财政收入的3/4用在了军事上。1701年,普鲁士从公国升为王国。18世纪后期,普鲁士王国的领土已经增加到近20万平方千米,比勃兰登堡领地扩大了八九倍,普鲁士成为欧洲强国之一。

1861年,普鲁士国王威廉一世即位。他知人善任:在政治上他重用首相俾斯麦,在军事上他信赖普军总参谋长老毛奇。经济和军事迅速发展的普鲁士先后击败当时的两个强国——丹麦和奥地利。最后,阻碍普鲁士统一德意志地区的敌人便只剩下曾经的强敌法国了。法国自然不希望看到它的老对手变得强大,所以一直想尽办法支持普鲁士的敌人。到1870年,普法战争终于爆发。

在俾斯麦的挑动下,法国皇帝拿破仑三世主动向普鲁士宣战,并亲自率军出征;普鲁士军队则有老毛奇坐镇,在他的沉着指挥下,普军不仅击败了敌人,还俘虏了法国皇帝和元帅,这下普军士气大振!1871年,他们一路打到巴黎,普鲁士国王威廉一世则在凡尔赛宫加冕,宣布自己成为德意志帝国皇帝,德意志最终完成统一。接下来,我们就称这个新统一的国家为"德国"了。

统一后的德国赶上了刚开始的第二次工业革命。1879年,欧洲科学家发明了新的炼钢法,德国人利用这种方法开采国内丰富的煤矿和铁矿。德国著名的西门子公司也是在19世纪创办的,并且很快垄断了德国乃至欧洲的电力产业。此外,德国在化学领域也领先其他国家。德国人还发明了新燃料的制作方法、内燃机以及汽车等。到19世纪末,德国已经超越英国,成为欧洲工业的发展中心。

> **趣闻联播**
>
> ### 领先世界的普鲁士教育
>
> 如果要评"曾被拿破仑打得最惨的国家",第一名恐怕就是普鲁士了。在第四次反法同盟战争中,拿破仑的军队给予普鲁士沉重的打击,惨败的

普鲁士与法国签订了极为屈辱的条约。于是普鲁士不得不大力推行政治和军事改革。教育也是普鲁士全面改革中很重要的一环。在文化教育大臣洪堡的主持下，普鲁士分别建立了培养老师和学生的学校，还划分了小学、中学和大学等教育阶段，形成了现代各国沿用的教育体系雏形。实现统一后，德国其他地区也仿照普鲁士推行教育改革，让国民能平等地接受教育。

2."铁血宰相"俾斯麦

1862年，普鲁士因军事拨款问题而发生"宪法冲突"，国王与议会僵持不下。俾斯麦被召回国内，担任首相兼外交大臣。他宣称"德意志的未来不在于普鲁士的自由主义，而在于强权"。在这次著名的演讲中，他说："《维也纳和约》签订后，普鲁士的边界并不有利于形成一个健康的国家生命；这个时代的重大问题，无法通过演说或多数决议来达成——这正是1848年和1849年的巨大错误——而是通过铁和血来解决。"此处的"铁和血"源于1813年民族解放战争时期的一首诗："唯有铁可以拯救我们。唯有血，让我们切断罪孽的沉重镣铐，告别狂妄自大的恶魔。"它们暗喻着战争手段，如俾斯麦后来所言，其目的是争取议员们赞同强有力的民族政策，后来则被视作武力统一德意志的纲领。俾斯麦由此被称为"铁血宰相"。在此后的8年，他耍弄外交权术，纵横捭阖于欧洲舞台，通过三次王朝战争，自上而下地统一了德国，成为德意志帝国的开国元勋。恩格斯称俾斯麦是"一个头脑十分实际和非常狡猾的人"。

俾斯麦担任德意志帝国宰相达20年之久，是德意志和普鲁士历史上的重要政治家。他审时度势，利用大国矛盾完成了德意志统一和崛起的历史使命，是现代德意志发展道路的重要奠基人之一。他对内竭力压制工人运动，对外实行"大陆政策"，旨在称霸欧洲。他竭力孤立法国，拉拢俄国，防止法、俄接近，以保障德国的安全。同时，他通过立法建立了世界上最早的社会保险体制。通过这些政策，德国完成了统一，并且逐渐成为一个新兴的资本主义工业强国。但德国的资产阶级改良中也保留了封建残余，为后来的专制和战争埋下伏笔。

第六章 大国崛起与瓜分世界狂潮

人物小史

俾斯麦是19世纪著名的政治家和外交家。他出生在勃兰登堡申豪森的容克贵族家庭。6岁时，他被父母送到柏林的贵族学校学习；中学毕业后，先后在哥廷根大学和柏林大学攻读法学，其间短暂服役一年；大学毕业后，曾担任地方官，不久辞职回乡经营自家庄园。他很快熟知资本主义经营方法，成为一位资产阶级化的容克贵族①。1842年起，他游历法国、英国和瑞士，与各色官吏打交道，形成了早期政治意识。1845年，他重回政坛，担任萨克森省议会议员；1847年，进入普鲁士联合邦议会。此时，俾斯麦的政治立场属于保守派，以维护容克利益而闻名。1848年革命期间，他主张用武力镇压革命，反对法兰克福立宪议会的统一主张。1851年后，俾斯麦先后担任法兰克福德意志联盟议会的普鲁士公使、驻俄公使、驻法公使，政治态度发生了剧变，认同德意志统一的趋势，但强调普鲁士的领导权。19世纪60年代起，他还公开主张解散德意志联盟，把奥地利逐出德意志。

1890年，在工人保护政策及外交方针等方面，俾斯麦与新德皇威廉二世产生了尖锐分歧，遂辞职回乡，后被封为劳恩堡公爵，回到汉堡附近的封地——弗里德里希庄园。他著有回忆录《思考与回忆》，为自己的政策辩护。1898年7月30日，他在庄园中去世。

参考文献

[1] 齐世荣，刘新成，刘北成. 世界史：近代卷[M]. 北京：高等教育出版社，2007.

[2] 韦恩斯坦，卢布尔. 彩色美国史[M]. 胡炜，余世燕，译. 北京：中国友谊出版公司，2008.

[3] 钱满素，张瑞华. 美国通史[M]. 上海：上海社会科学出版社，2020.

[4] 刘宗绪. 世界近代史[M]. 北京：北京师范大学出版社，2004.

---

① 容克贵族原指无骑士称号的贵族子弟，后泛指普鲁士贵族和大地主。

[5] 詹姆斯·威克利夫·黑德勒姆莫雷.奥托·冯·俾斯麦与德意志帝国建立[M].叶颖,译.北京:华文出版社,2020.

[6] 弗里茨·斯特恩.金与铁:俾斯麦、布莱希罗德与德意志帝国的建立[M].王晨,译.成都:四川人民出版社,2018.

[7] 杨白劳.世界历史有一套[M].北京:现代出版社,2016.

[8] 尾胁秀和.日本人的姓与名:江户时代的人名为何消失了[M].王侃良,译.北京:社会科学文献出版社,2023.

[9] 程汉大.《大宪章》与英国宪法的起源[J].南京大学法律评论,2022(18):14-29.

[10] 董国强.英国自由大宪章的性质及其历史作用[J].政法论坛,1982,(3):72-79.

[11] 阎照祥.1604—1688年间英国议会的俯仰沉浮[J].历史教学(上半月),2013(1):67-72.

[12] 岳蓉.论托马斯·克伦威尔的历史功绩[J].贵州师范大学学报(社会科学版),2003(2):57-60.

[13] 许大华.论"光荣革命"对英国的历史影响[J].湖北第二师范学院学报,2008(1):83-84.

[14] 毛倩.1778年美法同盟的建立及其影响[J].历史教学(下半月),2013(6):57-62.

[15] 时殷弘.法国大革命、拿破仑和国际政治的变更[J].欧洲研究,2005(6):1-13.

[16] 萧琦.沙龙与法国大革命[J].历史教学问题,2006(2):81-83.

[17] 安然.论法国大革命的成就、局限及其原因[J].辽宁大学学报(哲学社会科学版),2003(3):75-80.

[18] 刘大明.巴士底狱的传说与真相[J].历史教学(上半月),2014(9):29.

[19] 李宏图.路易十六:一个悲剧性的改革家[J].探索与争鸣,2004(7):9-11.

[20] 史尧.路易十六被押上断头台[J].中学历史教学参考,1994(Z2):48.

第七章
工业革命与马克思主义的诞生

第七章 工业革命与马克思主义的诞生

第一节 蒸汽时代，电气时代

18 世纪中后期之后的 100 多年间发生了两次工业革命，一系列的发明创造将人类带入了蒸汽时代和电子时代，它们极大地推动人类社会的发展，也深刻地改变了世界。这些发明是如何被创造出来的呢？它们又是怎么改变了世界呢？带着这些疑问，让我们走进蒸汽时代与电气时代吧！

一、蒸汽机是瓦特发明的吗？

1. 蒸汽机的历史很悠久

大家都熟知瓦特与蒸汽机的故事，真的是瓦特发明了蒸汽机吗？其实早在 1 世纪，居住在埃及的古希腊学者希罗，就曾在他的著作中提到过一种类似蒸汽机的装置，希罗被人们认为是最早的蒸汽机的制造者。

希罗生活在埃及的亚历山大城，闻名世界的亚历山大图书馆便坐落在这里。希罗在这座伟大的图书馆中博览群书，苏格拉底严谨的逻辑推理，阿基米德高超的技术实践，成就了希罗的一系列发明创造。

> **趣闻轶事**
>
> 古希腊发明家希罗的开山之作——世界上最早的自动贩售机，距今已经 2000 年左右了。希罗生活的亚历山大城里有大型寺庙，每天都有很多人去朝拜。希罗发现去朝拜的人为了不亵渎神灵，都要清洗面部和手部等，然而寺庙的洗漱点很少。因此，希罗设计制造了一台自动派水机，朝拜者只需要往投币口放入 5 德拉克马（一种古希腊银币单位），派水机就能放出一些水供人洗脸和洗手。2000 多年前的发明超前吗？

在这些稀奇的发明中,最著名的就是一种叫汽转球的蒸汽机。这种蒸汽机的构造原理并不复杂,通常是通过加热将水变成蒸汽,然后蒸汽通过提前布置好的金属导管冲入圆形球体,使得球出现转动。在这个过程中所产生的动能再次通过球体两端的空心轴输出,依靠滑轮和绳索的帮助,成为驱动其他物体的持续动力。这种装置虽然可以产生很大的速度,但是产生的动力很小,尤其当燃料仅限于木材时,其燃烧所产生的动能难以进一步提升,反过来却需要耗费大量木材,从而增加经济成本,因此往往用于进行特殊表演。比如,在戏剧舞台上拉开舞台大幕,推动金属球体内部的石头滚动撞击,制造类似雷鸣的声音效果,除此之外也就只能替某神庙启动大门了。希罗蒸汽机最终只能在很小范围内应用,始终没有走出埃及这片土地。希罗去世以后,蒸汽机也就回到他的著作当中了。此后的1500年,具有蒸汽动力的装置没能有更大的发展。直到17世纪,经过前仆后继的深入研究与发明实践,近代蒸汽机的一些基本原理和构成越来越清晰,越来越具有实用性。18世纪初,近代历史上第一个真正意义上的蒸汽机终于出现了,发明者是英国的铁匠——托马斯纽卡门,他综合了以往发明装置的优点,制成了实用性很强的纽卡门蒸汽机。

纽卡门蒸汽机能够有效地解决煤矿积水的难题,很快在英国的很多矿井中得到推广,有时也用于城市供水和农田的排灌。据估计,英国平均每年制造出两台纽卡门蒸汽机,并很快传到了匈牙利、法国、比利时、德国、奥地利、瑞典等国家。

2. 瓦特改良了蒸汽机

纽卡门蒸汽机虽然推动了英国经济快速增长,但它并非没有缺点。它在运行过程中需要燃烧大量的煤,以至于根本无法离开煤矿,一旦距离稍远,运煤速度无法跟上烧煤速度,只能停火歇工。同时,纽卡门蒸汽机用煤量大,效率却很低下,面对矿井中的积水问题,它显得越来越无力。契机出现在1763年的冬天,英国格拉斯哥大学购买了一台纽卡门蒸汽机模型用于物理学实习,负责维护它的就是后来闻名世界的詹姆斯·瓦特。

詹姆斯·瓦特于1736年1月19日出生于苏格兰。他的父亲是一位手艺高超、技术精湛的机械制造工人,经营了一个小作坊,专门制造和修理船上的装备。瓦特经常到父亲的作坊去看父亲和工人修理航海仪器和机械模型,这让他对制造工艺产生了浓厚的兴趣。在父亲的支持和鼓励下,瓦特很快掌握了一些机械制造方面的知识和实践能力。 然而,正当瓦特想考大学进一步学习更多科学理论知识时,母亲的去世和父亲所经营作坊的破产让他的家庭陷入了贫困的窘境,彼时的瓦特只能放弃上大学的打算。生活的打击没能打败瓦特,他依然坚持梦想——学好技术,成为一名优秀的科学仪器制造技师。此后,瓦特在工厂里做过短工,在钟表店做过学徒,最后在朋友的推荐下来到格拉斯哥大学当上了修理教学仪器的工人。在修理仪器的实践中,瓦特熟悉了先进技术,开阔了眼界,提高了修理技能,很多难以修理的教学仪器都会请瓦特维修,其中就包括那台纽卡门蒸汽机模型。这台模型在教学中被损坏了,伦敦名匠也没能将其修理好,学校就让瓦特试着修理。此前,瓦特搜集了一些关于蒸汽机的资料和图纸,并开始了一些研究,因此他很快就修好了这台机器,而且对这台当时世界上最先进的蒸汽机模型进行了深入的研究,他向大学教授们虚心求教,自己刻苦钻研,终于在 1768 年研制出新型蒸汽机,次年取得了专利。瓦特蒸汽机的工作效率是纽卡门蒸汽机的 4 倍,耗煤量却只有后者的五分之一,性能各方面更加优越的瓦特蒸汽机越来越受到人们的推崇,一些本来因为排水困难要关闭的煤矿,在使用瓦特蒸汽机后生产很快有了起色,于是瓦特蒸汽机就在各个煤矿快速取代了纽卡门蒸汽机。然而瓦特并没有沾沾自喜,就此止步,因为早期的瓦特蒸汽机还只能应用在煤矿当中,他的愿望是把蒸气动力用于工厂、运输及一切需要动力的地方。要做到这一点,必须进一步改良蒸汽机。瓦特经过多次试验,终于研制出一种可以做圆周运动的蒸汽机,叫作"双作用式蒸汽机"。这种蒸汽机不再只能做上下或者前后的往复运动,这个改变使得蒸汽机终于可以运用于不同的产业部门。此后二十年,瓦特继续不断地改进蒸汽机,不断取得专利,最终完成了改良蒸汽机的全过程。

3. 蒸汽机的推广应用

新型双作用式旋转蒸汽机问世后,因具有节能、高效、应用范围广等优越性能而在纺织、冶金、交通运输、机器制造等各行各业都广泛得到应用并产生了巨大的影响。它使人们逐步离开手工业小作坊,走进了大工厂,尤其是蒸汽机取代了其他动力,在工厂中真正使机器生产代替了手工劳动,促进了整个工业的发展。

瓦特改良的蒸汽机虽然克服了技术上的难题，但是蒸汽机在使用中的维修又是一个新问题。当时的瓦特往往要亲自为买主安装蒸汽机，在机器出现故障时，他还要背着工具箱四处维修。因为蒸汽机都是手工生产的，每一台蒸汽机的零部件都有可能不同，这样的机器无法被进一步大量生产和推广，技术的发明就无法真正转化为生产力。瓦特的儿子小瓦特成功地解决了这一难题。小瓦特与其父不同，他不仅是技术专家，而且是企业家。他与商人马修·博尔顿合资经营制造厂，生产相同型号的零部件，部件型号统一后，机器的维修也不再困难，不必瓦特亲自去解决。标准化生产的蒸汽机最终走出了英国，走向了全世界。由此可见，技术创造在推动人类文明进程中必不可少，商业也同样不可缺，只有技术和商业相结合，技术本身才能爆发出巨大的生产力。

到19世纪中期，蒸汽机已在全世界广泛应用，人类进入了"蒸汽时代"，人类文明的进程大大加快了。正如在2012年伦敦奥运会开幕式上所介绍的："别人的革命只改变自己国家，我们的革命却深刻地改变了整个世界。"

（1）谁改良了蒸汽机？
（2）蒸汽机的应用对英国产生了什么影响？
（3）英国的工业革命如何改变了世界？

二、珍妮纺纱机是踢出来的吗？

1. 飞梭的发明提高了织布的速度

飞梭是18世纪英国棉纺织工业的重大发明之一。它的发明者是钟表匠约翰·凯伊，他生于英国的兰开夏郡。

在飞梭出现以前的几百年间，纺织工人一直是用手纺机纺织，将带线的梭子缓慢而费力地从一只手抛到另一只手。织的布不仅质量不高，幅面还很窄。如果要织较宽的织物，必须由两个或更多的人进行穿梭。飞梭的出现有效地解决了

第七章 工业革命与马克思主义的诞生

这一难题。飞梭是借助一条特制的绳索带动织梭，织工拉动绳索使其来回飞越梭道。相较于原来手掷梭子的方法，织布的速度大大提高，还能织出各种幅宽的布。

飞梭的发明和使用使得一个织工往往需要更多纺纱工来供应棉纱，从而推动了纺纱业技术革命的开展。

2. 哈格里夫斯发明了珍妮纺纱机

通常我们把珍妮纺纱机的诞生作为英国工业革命开始的一个重要标志，而这一机器的发明却源于一次偶然。很长时间以来，手摇纺纱机的技术始终没有进步，一次只能纺出一根纱，由于织布机上使用了飞梭，十几个女工纺纱都供应不上一台织布机所需的棉纱。纺纱工只能日夜不停，手忙脚乱。即便这样，织布工还常常因停工待料，赋闲家中。哈格里夫斯是一个织布工，他的妻子也是一个纺纱工。这天，他又在家闲着。妻子叫他吃饭，哈格里夫斯站起来时一不小心踢倒了纺车。他的第一反应就是赶紧把纺纱机扶起来，但是当他弯下腰的时候，突然发现，原来被踢倒的纺纱机还在转，只是原来横着的纱锭变成了直立的。哈格里夫斯望着直立着转动不停的纺锤出神，甚至忘记了吃饭，他又用力拨了一下，让纺锤继续转动。他突然想到，如果并排立上几个纺锤，用一个纺轮带动它们同时转动，不就可以同时纺出几根纱了吗？很快哈格里夫斯就做出了一台装有立式纺锤的纺车，这台纺车安置了8个纺锤，用手轮一摇，同时纺出了8根纱来，纺纱效率一下子提高了7倍。世界上第一台纺纱机就这样诞生了。哈格里夫斯以自己可爱的女儿的名字为其命名——珍妮纺纱机。

"珍妮机"的发明使棉纱产量大幅上升，却没有给哈格里夫斯带来好运，而且给人数众多的手工纺纱者带来了恐慌。因为产量的提升导致了棉纱价格的下跌，那些没有使用"珍妮机"的手工纺纱工人不但产量低，而且纺出的棉纱卖不出好价钱，他们的生活日益贫困。他们极度痛恨"珍妮机"，痛恨哈格里夫斯夫妇，他们的愤怒终于在一天夜晚爆发了。那天哈格里夫斯夫妇正在吃晚餐，突然一群怒气冲冲的男女粗暴地撞开大门，冲进来。他们不由分说，砸碎了屋子里的"珍妮机"，甚至有人放火点燃了哈格里夫斯的房屋。他们将这对夫妇赶出了兰开夏郡的小镇。哈格里夫斯夫妇不得不流落街头，但他们没有放弃，还是努力改进

137

"珍妮机"。1768 年，哈格里夫斯获得了"珍妮机"的专利。到了 1784 年，"珍妮机"已增加到 80 个纱锭。四年后，英国已有两万台"珍妮机"了。

"珍妮机"是真正近代意义上的机器。人类直接参加劳动的"手"被解放出来，是人类生产领域的一次飞跃。直到今天，现代纺纱厂用的纺纱机虽然已经更换过好几代，非常先进，但是纺纱机立式纺锤的设计还是保持着哈格里夫斯创造的样式。

翻开历史卷轴，哈格里夫斯在当年无意间踢出的这一脚或许只是蝴蝶效应中不起眼的一环，可正是这一脚划破了长空。随着工业革命的兴起，一个沸腾的新世界即将到来。

> **趣闻轶事**
>
> 在 18 世纪，英国的发明如此之多，为什么法国与中国在当时没有那么多发明？工人工资的差异是一个重要原因。当时，英国的工人工资是世界上最高的。伦敦工人的工资应为法国工人工资的 3 倍、北京工人工资的 6~7 倍。如一台珍妮纺纱机的价格在英国相当于一个普通工人不到 5 个月的工资。而在法国，一名普通工人需花一年的工资才能买来纺纱机。因此纺纱机在欧洲大陆长久得不到普及，新的发明不能得到普及，也就无法推动发明创造的发展。

三、火车为什么叫火车？

1. 蒸汽机车的发明

火车是一种经典的交通工具，它的历史可以追溯到 19 世纪初期的英国，随后在全球范围内得到广泛应用。斯蒂芬森是英国著名的工程师和发明家，被誉为铁路工业之父。他在 19 世纪初期开始研究火车的设计和制造，最终发明了世界上第一辆实用的蒸汽火车。

斯蒂芬森于 1781 年生于一个贫苦的采煤工人家庭。小时候，斯蒂芬森没有受过正式的教育，他只能在矿井里做一些简单的工作谋生。然而，他对机械和工程学有着浓厚的兴趣，经常抽出时间自己学习和实践。在17岁时，斯蒂芬森离开煤矿，开始在当地的纺织厂工作，并逐渐学习了机械制造和修理技能。后来，他决定成为一名铁路工程师，并开始在当地的铁路公司工作，其间他勤奋钻研，掌握了很多机械、制图等方面的知识。一次，他用书本上学到的知识，结合工作的实际，设计了一台机器。煤矿上的总工程师看到他设计的机器草图大加赞赏，这给了斯蒂芬森很大的鼓励。经过努力，他很快展示了自己的才华和创造力，在铁路建设方面做出了很多贡献。

据传说，斯蒂芬森发明火车最早的灵感来源于他年轻时的一次经历。他曾在一天晚上看到一只水壶的长尾巴，感到很好奇。随后，他开始思考如何将这种形状运用于火车的设计中。他想到，如果火车的轮子不再是圆形，而是采用像水壶的长尾巴一样的形状，那么火车就能更好地行驶在铁路上，减少摩擦阻力，提高速度。于是，斯蒂芬森开始进行试验。他用锯子将铁轨切成一段段不同尺寸的长方形，并将它们拼接成一条曲线状的铁路轨道。他制造了一辆蒸汽火车，并试图让火车在这条铁路轨道上运行。虽然起初一切进展顺利，但当火车行驶到一条弯曲的轨道上时，它脱轨了并撞向了墙壁。然而，斯蒂芬森并没有放弃。他继续改进和完善设计，最终发明了一种可靠的蒸汽火车，并成功地在英国首次实现了铁路上的客运和货运。这项发明极大地推动了工业化进程，让人们的出行更加方便、快捷。

2. 火车名字的由来

1814年，斯蒂芬森的蒸汽机车火车头问世了。这辆火车头以蒸汽作为动力，运行时需要不断地加入煤炭和木材等，使煤炭和木材一直保持燃烧的状态，而这样的车辆就像是在烧火一样，人们就将这种新兴的铁路交通工具称为"火车"。现代的火车则采用了各种不同的动力系统，如电力、柴油等，因此在运行时不会出现明火，但"火车"的名字一直沿用了下来。

3. 火车的发展

斯蒂芬森最初发明的火车有5吨重，车头上有一个巨大的飞轮。这个飞轮可以利用惯性帮助机车运动，斯蒂芬森为他的发明取了个名字，叫"布鲁克"。这

个布鲁克可以带动总重约 30 吨的 8 个车厢。在以后的 10 年中，他又造了 11 个与布鲁克相似的火车头。

1826 年，斯蒂芬森被邀请为斯托克顿和达灵顿铁路设计一辆蒸汽机车，以取代当时使用的马车。斯蒂芬森设计了布莱顿号，这是一辆采用双缸蒸汽机作为动力装置的火车。布莱顿号的名字来源于英国伦敦郊外的一个城镇——布莱顿，因为当时在布莱顿举行了一场展览会，展出了这辆火车。布莱顿号证明了蒸汽机车可以在铁路上行驶，这启发了斯蒂芬森和其他工程师继续改进火车的设计，使之更加高效和安全。布莱顿号现在已经不存在了，但它留下了重要的历史意义，因为它是蒸汽机车技术发展的一个里程碑，标志着人类交通方式的重大变革。

在 20 世纪初期，蒸汽机车已经成了主要交通工具之一。然而，这种机车在长途行驶时需要多次加水和燃料，非常不便。于是，一群工程师决定发明一种新型的机车，不需要在长途行驶中停车加水和燃料，那便是"涡轮电力机车"。这种机车使用蒸汽涡轮引擎，并且可以使用煤炭或者油来提供动力。这样，在长途行驶中就不需要停车加水和燃料了。这项技术在当时被广泛应用，大大提高了火车的运输效率。然而，随着时间的推移，内燃机的发明和电气化技术的进步，涡轮电力机车逐渐退出了历史舞台。

随着科技的不断进步，火车的速度和载货量得以不断提高，同时也使人们的出行更加方便和舒适。今天，铁路仍然是全球最重要的运输方式之一，连接着世界各地。

哇！原来是这样

早期铁路上的一段旅程

世界上最初的两条铁路是从利物浦至曼彻斯特的，分别于 1825 年和 1830 年开通。女演员弗朗丝（范妮）·金伯尔幼年时曾在第二条铁路开通的那一年搭乘过火车，她对那段旅程做了如下描述。

我父亲认识几位对这一事业（利物浦——曼彻斯特的铁路）最感兴趣的绅士，当斯蒂芬森提议进行 15 英里（约 24 千米）铁路的试运行时，他们以极大的善意邀请我父亲带着我与他们同行，并允许我坐在斯蒂芬森的身旁，我认为这真是自己毕生最大的荣耀之一……他是一个颇严肃的人，棱角分明，面色低沉……

有人向我们介绍了将要带着我们在铁轨上奔跑的小小发动机……这个总是让我想去拍拍它的、发着喷气声的小东西，现在被套在了我们的马车上。斯蒂芬森先生带着我，和他一起坐在发动机的凳子上。我们以约10英里（约16千米）的时速开始了旅程。因为这匹蒸汽马对高低起伏的山路不是很适应，铁路要保持一定的水平。因此，有时候看起来似乎沉到了地底下，有时候又像悬在半空中。几乎从一开始起我们的铁路就穿过了坚硬的山石，两边形成了高约60英尺（约18米）的石墙。你很难想象这样的旅行有多么奇异：你看不到任何前进的原因，除了这个神奇的发动机及其飞似的白烟和节奏匀称、不变的步速……我们只打算走15英里，这个距离足以展示发动机的速度了……走完这段多石的窄路之后，我们发现自己已高出河岸10～12英尺（3～4米）；然后我们到了一片辽阔的沼泽地，没有人能走在这片沼泽地上不沉下去，然而，我们的铁路却载着我们在上面飞奔……

我们现在已经走了15英里，火车在横跨一个又宽又深的峡谷处停下。斯蒂芬森把我放下来，带着我走到谷底。为了保持铁路的水平高度，斯蒂芬森建造了一个壮观的9拱高架桥，中间的一拱有70英尺（约21米）高；通过这座桥，我们看到了这个美丽的山谷的全景……然后，我们又回到了其他人中间，给机车供了水；因为机车不能掉头，车厢被挂在后面。现在我们以它的最高速度——每小时30英里（约48千米）——出发，它比鸟的飞翔速度还要快（因为他们曾用猎鸟做过试验）。你难以想象切开空气向前奔跑的感觉是怎样的——它的运动也十分平稳。

——引自《全球通史——从史前史到21世纪》

第二节 《共产党宣言》，巴黎公社

一、《共产党宣言》是如何创作出来的？

一个流水线上的工人，他每天非常努力地工作，生产出很多的螺丝钉，但是这些产品没有一个是他的，他只能获得十分微薄的工资，这些工资只够糊口，让他不至于饿死。老板还嫌弃他每天工作太慢了，于是加大了对他的压榨力度，这导致他的眼里只能看见他拧的螺丝，因为螺丝有六角形帽子，他现在看见一切六角形的东西都想去拧一拧。这是电影《摩登时代》的剧情，它反映了20世纪30年代经济大萧条时期美国一位普通工人悲惨的生活。

> **史海钩沉**
>
> 资本主义社会呈现出资本家与雇佣工人之间的对立，随着社会发展，阶级对立愈发简单化，整个社会日益分裂为两大敌对的阵营，分裂为两大相互直接对立的阶级：资产阶级和无产阶级。在资本主义雇佣劳动制下，工人出卖自己廉价的劳动，赚取维系自身生活所必需的生活资料，资本家通过延长劳动时间或提高单位时间内劳动效率来压迫工人，榨取剩余价值。资产阶级把自己阶级的生存条件当作支配一切的规律强加于社会，为了攫取更多的利益，进一步剥削与压迫无产阶级，甚至是对其他落后国家展开殖民掠夺，且罔顾事实，给这种不公平的压迫、剥削和掠夺披上虚假的外衣。要想打破这种现状，只能推翻资产阶级。

这是资本主义社会固有的弊端，资本掌握在资本家手中，他们不用劳动却能赚大钱，而辛苦劳动的工人却只能在"雇佣"下获得少量的工资，他们生产的产品越多就越贫穷，因为生产出来的大量产品需要人购买，但是由于社会上大部分

第七章 工业革命与马克思主义的诞生

人只是穷苦的工人，他们没钱购买，于是产品堆积，人们开始失业，进一步加剧了贫穷。

这种已经不再适应社会发展的资本主义制度在19世纪中期被马克思和恩格斯分析得十分透彻，他们深入了解贫苦人民的生活，在不断的理论学习与实践观察中得出了一个结论：只有社会主义革命才能把人类从一切社会压迫和政治压迫下解放出来。先进理论是群众斗争的精神武器，群众是能够改造社会的物质力量，所以要发动无产阶级革命，要有正确的理论对革命进行指导。于是，1848年2月，《共产党宣言》在伦敦第一次面世，社会主义由空想开始走向科学。它第一次系统地阐述了马克思主义基本原理。

二、世界上第一个无产阶级政权是什么？

1789年巴黎人民攻占巴士底狱拉开了法国资产阶级革命的序幕，此后资产阶级登上法国的历史舞台，开始管理这个国家，制定了一系列保护资本主义发展的政策。伴随着法国大革命发生的还有起源于英国的工业革命，这场风暴由英国开始，席卷了整个欧洲大陆。工业革命推动了工厂制度的诞生，同时带来了工人和资本家两大阶级的对立。工人逐渐觉醒，意识到资本家对自身剩余价值的剥削，于是开始反抗。法国工人的运动在全世界的工人反抗中尤其亮眼，他们曾一度取得值得被后世铭记的成绩：建立了人类历史上第一个无产阶级政权——巴黎公社！

史海泛舟

马克思把公社式的专政视为一种保障劳动人民之自由的政治模式，他指出，公社是"社会解放的政治形式"，意即实现了无产阶级社会的自由解放。而社会的自由之所以能够在其中得以实现，究其根本就在于公社完成了国家向社会的"复归"。公社不再像旧的国家机器那样是一个凌驾于社会之上的"神物"；相反，它成为劳动人民所直接掌控的、服务于无产阶级社会的一件必要的政治工具。

　　工人为什么要革命？为什么要建立政权？想清楚这些问题，有助于我们理解巴黎公社诞生的背景。由于工业革命的发展，到19世纪60年代末，法国已有300多万工人。在法兰西第二帝国时期，工人拿着微薄的薪水，虽然这时的薪水与过去相比有所上涨，但仍旧比不过飞涨的物价，人们白天需要工作12小时甚至更长，晚上只能回家吞咽勉强能吃的食物，社会创造的巨大财富与他们无关，怨气早就在工人当中不断地累积，只等着一个契机就会爆发。

　　此时法国的国王却想用一场对外战争来转移工人的怨气，于是他向普鲁士发起了进攻，结果却是：法国的首都巴黎都快被普鲁士收入囊中。国王下台了，临时成立的政府却认为当务之急是赶紧投降，以防巴黎的工人在战争中获得更大的力量。于是临时政府爽快地和普鲁士签订了条约，获得了敌国的支持，然后转头来攻击本国的工人。1871年3月18日凌晨，政府军队突然发动了偷袭，他们的行动被群众发现，当即鸣起警钟，大批群众和国民自卫军赶来将政府军包围。他们高昂的斗志和英勇无畏的精神甚至感染了临时政府的军队，一些士兵受到了感召，甚至主动放下了枪，投向巴黎人民的怀抱。3月28日，聚集在市政厅前面的几十万巴黎人民欢呼"公社万岁""共和国万岁"，庆祝人类历史上第一个无产阶级政权的诞生。

　　巴黎公社打碎了旧的国家机器，采取了三项重要措施。第一，公职人员民主选举，无记名投票，不许任何人干预选举。第二，保障人民对公职人员的监督权和罢免权。第三，取消高级官员的高薪制。这三项措施切实保障了百姓对公职人员的选举和监督，第一次做到了社会底层的百姓选择自己信任的官员。

哇！原来是这样

　　过去的资本主义社会国家是什么样的呢？它在扮演什么角色呢？恩格斯详细描述了国家发生异化的过程："以往国家的特征是什么呢？社会为了维护共同的利益，最初通过简单的分工建立了一些特殊的机关。但是，随着时间的推移，这些机关——为首的是国家政权——为了追求自己的特殊利益，从社会的公仆变成了社会的主人。"所以资本主义社会的国家是资本家剥削人民的机器。而巴黎公社则尝试将国家变为劳动人民所直接掌控的机器。在经济领域占据了主导地位的劳动人民同时在上层建筑领域掌握了国家政权，公社才得以真正成为保障人民自由的政治形态。

第七章　工业革命与马克思主义的诞生

不仅如此，为了能更好地保障工人们的利益，公社委员不仅讨论和制定法律，还亲自执行自己通过的法律，亲自检查法律在实际生活中执行的结果，亲自对选民负责。他们颁布命令，禁止任意罚款和非法克扣职工工资；用赎买的方式把一部分工厂从私人所有转为集体所有，这种做法已经具有明显的社会主义倾向。

但是因为巴黎公社没有及时攻下全部的巴黎，掌握更强大的武装力量，所以即便是巴黎人民同仇敌忾，不分男女老少都积极地投入了保卫公社的浴血战斗中，即便他们把每一条街巷、每一座建筑物、每一道墙壁都变成阵地，把一切能够利用的东西都拿来修筑街垒，日夜同敌人进行殊死决战，最终还是在5月战败。

巴黎公社虽然失败了，但它的伟大历史意义永远不可磨灭。巴黎公社是推翻资产阶级统治，建立无产阶级专政的第一次尝试，为后来的无产阶级革命运动提供了极其宝贵的历史经验。

现实直通车

公社的本质在于它是一个最广大劳动人民的政府，"它实质上是工人阶级的政府"。公社杜绝国家机器的异化，就是为人民群众的自由发展创造条件；公社实现国家向社会的复归，就是确保公共资源向人民群众的真实反哺。公社的这一本质，印证了中国共产党以人民为中心的发展思想。公社委员会的制度设计，打造了一种实干的、议行合一的机构，避免了资产阶级的恶性竞选和清谈馆式的民主政治，为无产阶级专政的具体模式做出了有益的探索。

参考文献

[1] 斯塔夫里阿诺斯.全球通史：从史前史到21世纪[M].7版.吴象婴，梁赤民，董书慧，等

译.北京：北京大学出版社，2005.

[2] 罗伯特·艾伦.近代英国工业革命揭秘：放眼全球的深度透视[M].毛立坤，译.杭州：浙江大学出版社，2012.

[3] 徐福兴.人类大发明[M].上海：上海远东出版社，1996.

[4] 波斯坦，哈巴库克.剑桥欧洲经济史：第六卷[M].王春法，等译.北京：经济科学出版社，2002.

[5] 哈孟德夫妇.近代工业的兴起[M].韦国栋，译.北京：商务印书馆，1959.

[6] 克拉潘.现代英国经济史[M].姚曾廙，译.北京：商务印书馆，1964.

[7] 奇波拉.欧洲经济史：第一卷[M].徐璇，译.北京：商务印书馆，1989.

[8] 林举岱.英国工业革命史[M].上海：上海人民出版社，1979.

[9] 刘淑兰.英国产业革命史[M].长春：吉林人民出版社，1982.

[10] 刘恩至.无产阶级专政与自由：巴黎公社的原则及其意义[J].思想理论教育导刊，2021（10）：4-8.

[11] 王楠.《共产党宣言》蕴含的人民主体思想及当代启示[J].武汉：领导科学论坛，2023（11）：32-36.

第八章

两次世界大战与国际秩序的演变

第八章 两次世界大战与国际秩序的演变

第一节 一战爆发，战后国际秩序

一、一名刺客是怎样引发第一次世界大战的？

1. 第一次世界大战爆发前的世界

1914年6月28日，时任奥匈帝国皇储的斐迪南大公带领妻子前往奥匈帝国侵占的萨拉热窝地区巡视，并以塞尔维亚为假想敌进行军事演习，恫吓塞尔维亚。前期活动进行得都十分顺利，斐迪南大公志得意满，认为自己的行动十分成功，已经成功威胁了塞尔维亚人。演习结束后，斐迪南大公和妻子乘车前往萨拉热窝市中心，一名塞尔维亚青年普林西普向斐迪南大公的汽车连开两枪，大公夫妇遇刺身亡，这就是震惊世界的"萨拉热窝事件"。萨拉热窝事件发生后数天之内，奥匈帝国、德国、英国、法国、沙皇俄国等老牌欧洲强国纷纷宣战，世界被卷入了一次史无前例的战争之中，这就是第一次世界大战。

> **头脑风暴**
>
> （1）你认为普林西普刺杀斐迪南的动机是什么呢？
> （2）第一次世界大战爆发前的欧洲局势是怎样的呢？
> （3）为什么参战国家都认为自己能迅速结束战争？

那么，引发第一次世界大战的关键人物普林西普是何许人也？为何能搅动世界局势？这一切都要从普林西普本人说起。普林西普是塞尔维亚一位普普通通的青年，信仰东正教，对奥匈帝国怀有极端的仇恨，极其反对奥匈帝国对波斯尼亚的占领，在进行刺杀时，他的身份还只是塞尔维亚首都贝尔格莱德的一名普通学生。

事实上，萨拉热窝事件的爆发有其必然性，这是奥匈帝国与塞尔维亚的矛

盾冲突长期激化、欧洲大陆各强国选边站队并不断煽风点火的必然结果。长期以来，奥匈帝国都觊觎巴尔干地区，妄图将其纳入自己的版图中，但沙皇俄国同样将巴尔干半岛视为自己下一步的扩张目标，双方的斗争十分激烈。奥匈帝国最终选择与沙皇俄国签订条约，规定双方都不能干扰巴尔干的现状，巴尔干均势状态必须得到保持。奥匈帝国在此之后推迟了自己的扩张计划。

仅仅在十年之后，奥匈帝国就认为改变巴尔干均势的时机已然到来。彼时的沙皇俄国先是在日俄战争中被日本击败，国际战争的失败又引发了国内的民主革命，即1905年俄国革命，其实力被极大地削弱，被迫进行战略收缩。奥匈帝国抓住时机，开始集中力量向巴尔干地区扩张，当时的皇储，即上文提到的弗兰茨·斐迪南大公着手制订了十分详细周密的侵略计划，准备首先吞并波斯尼亚和黑塞哥维纳两个省，之后再找借口出兵消灭独立的塞尔维亚，实现对巴尔干地区的完全介入。

计划制订后不久，斐迪南大公就开始实施。1908年9月15日，奥匈帝国首先同沙皇俄国谈判，双方在你争我夺之后达成协议，互相妥协，沙皇俄国同意奥匈帝国兼并波黑和黑塞哥维纳，而奥匈帝国则同意黑海海峡向沙皇俄国的海军舰队开放。当时，欧洲列强对沙皇俄国多有提防，一直拒绝沙皇俄国进入黑海海峡，这次达成的协议取消了对沙皇俄国的限制。

奥匈帝国在这份协议中也占了不小的便宜，因为黑海海峡的开放还需要其他列强的同意，但对两个省的兼并却在当下就可以进行。也许是做贼心虚，担心夜长梦多，不久，奥匈帝国就凭借着自己的军队强行占据了当时仍然属于奥斯曼土耳其帝国的波斯尼亚和黑塞哥维纳。

2. 刺杀斐迪南大公

奥匈帝国此举彻底激怒了塞尔维亚和境内的民众，因为塞尔维亚自1878年独立以来，一直都以南斯拉夫人民和地区的领袖自居，想要联合波斯尼亚和黑塞哥维纳建立起一个独立的、政令统一①的南斯拉夫人的主权国家，从而在巴尔干半岛占据优势。此外，塞尔维亚也有自己的小算盘，希望把黑海作为自己的出海

---

① 政令统一指政权、财权和兵权都归于中央政府。

第八章 两次世界大战与国际秩序的演变

口,对外运输自己的农产品,促进经济发展。

奥匈帝国的兼并事件一出,塞尔维亚民众都十分愤慨,政客也趁机撺掇人民,煽动极端民族情绪,塞尔维亚国内成立了一批像"国防会""黑手党"这样的反对奥匈帝国的团体,上文提到的普林西普也是这样一个秘密团体的成员。

奥匈帝国对塞尔维亚的境况一清二楚,想给自己这位不听话的对手一点儿军事威慑,让其认清现实。于是,奥匈帝国决定在波斯尼亚的首府萨拉热窝地区举行军事演习,丝毫不遮掩演习的假想敌,矛头直指塞尔维亚,想通过这种赤裸裸的军事恫吓使塞尔维亚就范。

为了进一步显示王室对此的重视,皇储斐迪南大公决定带着妻子亲自前往萨拉热窝地区巡视,检阅此处的军事演习。他还故意将演习日期定在6月28日,因为这天是塞尔维亚被奥斯曼土耳其帝国征服的日子。这一举动的挑衅意味十分明显,塞尔维亚人觉得自己受到了极大的侮辱,许多激进的青年决定以自己的方式对奥匈帝国实施报复,他们最终选择行刺斐迪南大公。

6月28日,演习正式开始。演习刚开始的时候进行得十分顺利,部队按照既定的战术对假想敌发动了进攻,斐迪南大公对此次演习十分满意。演习结束后,当斐迪南大公及其妻子乘车前往萨拉热窝市中心时,刺杀者意识到,自己的机会来了。

首先去刺杀的是塞尔维亚爱国组织的刺客察布里诺维奇,他向斐迪南夫妇乘坐的汽车投掷了一枚炸弹,但炸弹只碰到了汽车的篷布,被反弹到了另一辆汽车上,炸伤了大公的副官梅瑞兹。刺杀引发了恐慌,但斐迪南大公在下车查看情况后认为刺客不足为惧,选择继续巡视,以示威严。

之后,斐迪南大公决定前往医院看望受伤的副官,但他的司机发现走错了路,就在街角的地方掉头,这个位置距离普林西普不过咫尺之遥。普林西普抓住这个机会对准汽车连开两枪,斐迪南大公夫妇当场中弹身亡,这一事件也成了第一次世界大战的导火索。

后来普林西普被捕,被判处20年监禁,但因患肺结核于1918年4月28日死于监狱中。1920年,塞尔维亚政府将其遗骸迁至萨拉热窝的荣誉冢,纪念这位为争取民族独立和自由而献身的爱国青年。

头脑风暴

（1）为什么第一次世界大战是帝国主义战争？
（2）普林西普是民族英雄吗？理由是什么？
（3）如果没有萨拉热窝事件，第一次世界大战还会爆发吗？

二、第一次世界大战都有哪些国家参战？

1. 一战前期：战争被拖成了持久战

一战是 1914 年 7 月 28 日至 1918 年 11 月 11 日期间、主要发生在欧洲的世界大战，当时世界上的大多数国家都被卷入这场战争，因此称为"第一次世界大战"。战争主要分为两派：同盟国和协约国，德国、奥匈帝国、奥斯曼土耳其帝国和保加利亚属于同盟国阵营；英国、法国、俄国、美国、中国等属于协约国阵营。

战争的导火线就是我们上文讲到的萨拉热窝事件，斐迪南大公夫妇被刺客刺杀，在不到一个月的时间里，主要欧洲强国相继宣战，战争迅速进入白热化阶段。根据各主要交战国，又可以把战线分成东线、西线和南线三部分。东线主要是俄国对德国和奥匈帝国作战，西线是英、法两国对德国作战，南线情况较复杂，主要是塞尔维亚对战奥匈帝国、保加利亚的巴尔干战线，奥斯曼土耳其帝国对战英国的美索不达米亚战线等。

从各条战线来看，西线的战事最为激烈，伤亡程度放眼世界历史也是数一数二的。早在战争爆发之前，德国总参谋长施里芬就制订了所谓的"施里芬计划"，企图在六周之内迅速击败法国，然后调集优势兵力转到东线击溃俄国。当时，所有参战国都觉得可以迅速战胜对手，谁都没有料到，这场战争会旷日持久地进行下去。

1914 年 8 月 2 日，德国率先出兵卢森堡，想从卢森堡街道进攻法国，初期进展顺利，在不到一个月的时间内占领了比利时全境并攻陷法国北部，法军被迫南撤。9 月 3 日，德军的前锋开始进军法国首都巴黎，情势万分紧张，法国政府

第八章 两次世界大战与国际秩序的演变

甚至被迫撤退到波尔多。9月5日，在巴黎近郊的马恩河地区爆发了著名的"马恩河战役"，节节败退的英法联军出其不意地获得了胜利，一举扭转了战争的颓势，德军六周内迅速灭亡法国的计划彻底流产，西线的战斗逐渐进入胶着状态。眼见陆地进攻受阻，德军决定在海上对英国军队展开进攻，想切断英法之间的联系，让英国退守本土，无暇他顾。于是日德兰海战爆发了，双方海军兵力都严重受损，无力再战，海上的战争也陷入了僵持。

1915年，德军见久攻不下法国，就调集部分主力部队增援东线，想一举击溃俄军主力，英法趁机发动反攻，也想打破僵局，取得在西线战场的主动权，但因为指挥不当和战法陈旧，被德军成功阻挡。值得一提的是，德军在此次战斗中率先使用了毒气，这是人类历史上第一次将毒气用于战争。双方都付出了惨重的代价，但西线战事仍然没有明显的改变。次年2月，德军主力回到西线，德、法之间爆发了一战之中残酷的"凡尔登会战"，双方激战7个月不分胜负，为支援凡尔登的法军，英法两国在索姆河一线又主动发起了索姆河战役，同样是不分胜负，双方共计伤亡120余万人，西线战事还是处于胶着状态。

东线战事方面，俄军趁着德军主力在西线与英法联军交火的空当，占领德国的重工业区东普鲁士并继续进攻，德军迫于无奈从西线调军回防。因为德国境内发达的铁路网络，德军得以迅速回防并击溃了俄军的进攻，将战线推至俄国境内，此役俄军损失25万余人，无力发动大规模反击，德军也再次将军队调回西线，东线战事也陷入了僵局。之后的两年，俄军和德军之间互有来回，发动了数次攻击，但都没有取得预想的战果，双方损失数百万兵力，僵持状态维持了下去。直至1917年俄国国内的百姓不胜其扰，接连发动了两次革命，俄国与德国单方面媾（gòu）和，退出了一战。

现实直通车

沙皇俄国因为自身实力在列强中较弱，也被列宁称为"帝国主义链条中最薄弱的环节"，国内接连爆发了"二月革命"和"十月革命"，推翻了沙皇的统治，最终建立了人类历史上第一个无产阶级政权。直到如今，一些富有苏联特色的建筑物仍然保留在莫斯科街头，向人们诉说着往日的辉煌。

南方战线的战事则更为胶着,协约国最终在付出惨重代价之后取得胜利。

2. 一战后期:美国加入协约国,局势逆转

战争进入第三个年头,双方的经济、军事实力都受到了严重的损失,已经濒临崩溃。此时,拉拢其他势力参与战争成了同盟国和协约国外交工作的重点。最终,协约国成功将美国,这个资本主义强国拉拢至自己的阵营,消耗殆尽的军火武器有了补充,美国甚至派出陆军前往欧洲参战。另外,意大利、日本也纷纷跟进,宣布加入协约国,对同盟国宣战,胜利的天平此时已经完全倒向了协约国一方。中华民国也对德国和奥匈帝国宣战,并派出数十万华工前往欧洲战场为协约国担负后勤任务。

1918年,苦苦支撑的德国终于感到不支,不断传来的失败消息刺激着德国的政客,也刺激着德国的广大民众。之后,基尔港的水兵发生哗变,兵变迅速蔓延至整个海军及全国。11月9日,首都柏林也发生革命,德皇威廉二世宣布退位并逃往荷兰。11月11日,德军求和,残酷的第一次世界大战宣告结束。

第一次世界大战严重削弱了帝国主义的力量,摧毁了德意志帝国、奥匈帝国等古老的欧洲强国,英国、法国、意大利等老牌欧洲强国的实力也被严重削弱,奥斯曼土耳其帝国在战后宣布解体。战争进行到后期,俄国无产阶级在帝国主义最薄弱的链条上取得突破,赢得了十月革命的胜利。战后,资本主义国家的无产阶级革命运动和广大亚非拉的民族解放运动出现了新高潮。这一切都说明,腐朽的帝国主义的末日即将来到,胜利必将属于广大的劳动人民。

三、凡尔赛–华盛顿体系的实质是什么?

1. 巴黎和会与凡尔赛体系

凡尔赛–华盛顿体系是指一战结束后,欧洲列强通过巴黎和会和华盛顿会议建立的新的国际关系秩序,它确立了帝国主义在欧洲、西亚、非洲、东亚以及太平洋地区的统治秩序,是一战后帝国主义国家重新瓜分世界、奴役殖民地半殖民地人民的国际体系。

第八章　两次世界大战与国际秩序的演变

1918年11月底，德国宣布无条件投降，一战最终以协约国的胜利载入史册。为了平衡列强的势力，调解列强在各自统治地区的矛盾，英、法、美等国决定召开会议，商议瓜分战利品。1919年1月18日，27个国家的代表约1000人齐聚法国巴黎的凡尔赛宫，召开巴黎和会，这次和会的全权代表70人，苏维埃俄国因为已经是世界上第一个社会主义国家，所以没有受到邀请，德国、土耳其（前身为奥斯曼土耳其帝国）、保加利亚、奥地利（前身为奥匈帝国）等战败国也被拒绝参与会议的商讨过程，只能被动地等待通知。

会议由英国、美国、法国、意大利和日本五国各自派出的两名代表组成的最高理事会控制（"十巨头会议"），3月25日，最高理事会再次大洗牌，原先的"十巨头"缩减为四人，即美国总统威尔逊、英国首相劳合·乔治、法国总理克里孟梭和意大利总理奥兰多。这四个国家中，意大利国力最弱，对协约国战胜的贡献也最少，无力参与最高层的决策。因此，说到底，巴黎和会完全由英、法、美三国垄断，它们的代表也被称为"三巨头"。

（1）从巴黎和会的结果来看，一战的主要参战国是正义的一方吗？
（2）你认同"弱国无外交"这句话吗？为什么？
（3）想一想，德国的战败与哪些因素有关？

事实上，各国参加和会都打着自己的小算盘。美国看到英、法两国已经大幅衰落的迹象，希望通过主导战后秩序，利用自己独一档的经济实力称霸全球，组建国际联盟，接替英、法两国的霸主地位；法国希望可以一劳永逸地肢解自己在欧洲大陆的老对手——德国，用自己世界第一的陆军实力称霸欧洲大陆，法国总统普恩加莱在和会开幕的当天就发表长篇演说，称德国"生于不义，自当死于耻辱"，其野心昭然若揭；英国则希望维持欧洲大陆的均势局面，让德、法两国互相牵制，维持自己的超然地位，并利用时间消化在战争中获得的殖民地，恢复元气，因此极力反对法国肢解德国的计划；意大利寻求在巴尔干半岛占领几个前哨据点，逐步向巴尔干半岛渗透；日本则希望借战胜国的名义合理占有德国在中国

的租界区，逐渐占领中国。可以看出，列强的许多想法是矛盾甚至是相悖的，利益冲突之处比比皆是，这就注定了巴黎和会从一开始就充满了争吵。

巴黎和会召开期间，代表们就殖民地的归属问题、战败国赔偿问题、如何处置战败国、出兵镇压新生的苏维埃俄国、组建国际联盟等问题吵得不可开交，意大利总理奥兰多甚至一度退出了和会，但此举没有威胁到参与和会的代表，甚至无人问津，无奈之下，奥兰多于几天后又灰溜溜地返回了会场。中国的山东问题也备受关注，尽管中方代表王正廷、顾维钧据理力争，要求归还山东，但北洋政府外交次长曹汝霖在受到日本政府威胁之后不顾王、顾两人的反对，在将德国所有权益转让给日本的条约上签字，消息传回国内，举国愤慨，"五四运动"爆发。

现实直通车

"五四运动"是1919年5月4日发生在北京的一场爱国运动。巴黎和会决定将德国在中国山东的所有权益转让给日本。消息传来，北京的学生开展了声势浩大的集会、游行等活动，得到了全国各地学生及各界的广泛支持，从而形成了全国规模的爱国运动。最终，北洋政府迫于压力拒绝在和约上签字。"五四运动"是新民主主义革命的开端，中国革命从此进入了一个新的历史时期。我们必须以史为鉴，勿忘国耻，为中华民族的伟大复兴贡献自己的力量。

最终，在争吵了五个多月后，各方代表齐聚凡尔赛宫签订了《凡尔赛和约》，它和之后签订的对奥地利、保加利亚、匈牙利、土耳其的条约一起构成了凡尔赛体系，但这个体系不仅没有调和列强的矛盾，反而进一步激化了各国矛盾，法国元帅福煦说："这不是和平，这是二十年的休战。"

2. 华盛顿会议的召开与远东问题

巴黎和会暂时调节了列强在欧洲等地的安排，但远东和太平洋则不在调节范围之内。于是，1921年11月，美国联合英国、日本、法国等国召开华盛顿会议，协商列强在远东和太平洋的各项善后事宜。会议最终签订了三个条约，一是由美、日、英、法签订的《四国条约》，规定几方互相尊重彼此在太平洋岛屿属地的各项权利；二是美、英、法、意、日五国签署的《五国海军条约》，规定五国停止海军军备竞赛，主力舰的总吨位比为 5∶5∶1.75∶1.75∶3；最后就是九国联合发布的《九国公约》，在美国的压力之下，日本被迫归还了部分在山东的权利，但美国也趁机提出"门户开放、机会均等"原则，中国再次成为列强共同宰割的对象。华盛顿会议实际上是巴黎和会的延续，在此次和会中发挥主要作用的是美、英、日三国，它暂时调和了列强在远东和太平洋的矛盾，完善了一战之后的帝国主义和平体系，与巴黎和会一起，组成了一战之后的国际体系，即凡尔赛-华盛顿体系。

总而言之，凡尔赛-华盛顿体系是一战后对世界格局的重新安排，是战胜国对战败国遗产的一次重新瓜分，是对广大的亚非拉殖民地半殖民地人民的重新奴役。事实证明，它没能调和列强之间的矛盾，尤其是针对战败国的苛刻条约进一步刺激了国内民众的极端民族主义情绪，也为后来第二次世界大战的爆发埋下了伏笔。

第二节 闪击波兰，雅尔塔体系

在全球联系日益密切的今天，任何一个国家都无法孤立地存在于地球上。历史上从来没有像今天这样，人类的命运紧密联系，相互依存。大家了解第二次世界大战的这段历史，在钩沉往事之余，更应该反思当年的战争是否有避免发生的可能。同盟国内部社会制度、意识形态和政治目的不尽相同，但它们却能相互支援，直至战争胜利结束。那么今天应该如何加强国家之间的交流与合作，促进共同发展？

一、慕尼黑阴谋为什么是绥靖政策的顶点？

1. 战争策源地的形成

大家见过这样一幅创作于20世纪30年代的政治漫画吗？画中是一个长着三个脑袋的怪兽，脑袋从前到后、从大到小依次是时局中三个人物：希特勒、墨索里尼和东条英机，这个怪兽正张着血盆大口，咆哮癫狂，利爪横行。这个三头怪兽是如何产生的？它给当时的国际局势带来了什么严重后果？

一战后的凡尔赛-华盛顿体系维持了世界的短暂和平，但没有消除帝国主义国家之间的矛盾。1929—1933年的世界性经济大危机让资本主义世界面临着空前严重的大危机。经济危机引发了各国的政治危机，加剧了帝国主义国家之间的矛盾。美国实施了罗斯福新政，通过自身调整逐渐缓解了危机。而严重依赖美国的德国与严重依赖外国市场的日本，却无法通过调整自身内部经济政策来摆脱危机，逐步走上了对内实行法西斯专政、对外进行侵略扩张的道路。这个三头怪兽指代的就是德、意、日法西斯国家。此时国际局势日益紧张和复杂，局部的侵略战争逐渐演变为全球战争。

1932年，德国的工业产量比1929年下降了40%，农业产量下降30%，失业人数超过600万……以希特勒为首的纳粹党乘机大肆活动，煽动复仇情绪，从而

第八章 两次世界大战与国际秩序的演变

赢得了广泛的支持。希特勒认为，只有当一国（种族上最优秀的那一国）取得了完全而无可争辩的霸权时，世界和平才会到来。近卫文麿宣称，日本为了自己的生存也应该像一战时的德国那样，要求打破现状，并且"从我们自己的前途出发建立新的国际和平秩序"。凡尔赛－华盛顿体系使战胜国与战胜国、战胜国与战败国之间矛盾重重，受压制的国家一直希望能改变这一政治格局。由于政治经济发展不平衡再次改变了资本主义各国之间的力量对比，并且加剧了它们之间的矛盾，1929年的经济大危机引发了各国严重的政治危机，为摆脱经济危机打起了贸易壁垒战，德国与日本只能借助原有的军国主义与专制主义传统建立法西斯专政，疯狂对外扩张，由此形成了欧、亚战争策源地。

1931年"九一八"事变发生，日本军队大举向中国东北进攻，打破了帝国主义各国在远东太平洋地区的均势。在欧美各国中，英国在华利益最大，英国对华投资和贸易都居第一位。英国出于保住在上海和长江流域以及在远东权益的自私目的，担心与日本争吵会迫使日本南下，因此不惜把在东北的权益让与日本。英国人李德·哈特在《第二次世界大战战史》中写道："在那一年他们侵入了中国的东北，并把它改变成一个日本的附属国。1932年他们又侵略中国的本土，而从1937年就更进一步企图征服那个巨大的地区，结果引起了中华民族的神圣抗战，使他们愈陷愈深不能自拔，最后为了寻求解决中国问题，遂决定再向南作更大的扩张，并以切断中国的外来补给线为目的。"

日本是法西斯阵营三大轴心国之一，"九一八"事变后，中国人民奋起抗争，这是中国人民抗日战争的起点，揭开了世界反法西斯战争的序幕。"九一八"事变是日本对一战后的凡尔赛－华盛顿体系最早的挑战。既然英国在华利益最大，那么英国当时的态度是什么？英国在处理"九一八"事变时采取了"貌似中立，实则偏袒（日本）"的立场。究其原因，一方面，英国为确保其在中国及远东地区的权益，常暗中或从侧面支持日本，以抗衡美国；另一方面，英国一直惧怕所谓共产主义的扩张，积极支持日本控制满蒙地区，特别是北满地区，以威胁苏联后方。

史学界过去对二战起因的分析，多是从德国法西斯及祸水东引等视角出发，对中国战场重视不足；由于二战的爆发经历了从局部战争到全面战争的过程，中国的抗日战争在世界反法西斯战争中是开始时间最早、持续时间最长、独力抵抗

最久的，所以理应引起重视。

2. 慕尼黑阴谋

1938年初，希特勒吞并了奥地利以后，把侵略矛头指向了捷克斯洛伐克。捷克斯洛伐克位于欧洲中心，不但军事工业发达，矿产资源丰富，而且战略地位十分重要。德国占领捷克斯洛伐克后，就可以把它作为向东进攻苏联的跳板，向西进击英、法的重要阵地了。所以，德国早就对它垂涎三尺。希特勒的计划是先占领德捷边境的苏台德区，然后吞并整个捷克斯洛伐克。一旦德军占领了捷克斯洛伐克，欧洲的大门就等于敞开了，既可以向东进攻苏联，又可以向西进攻英、法。

1938年9月29日，希特勒、墨索里尼、张伯伦和达拉第等人在慕尼黑的"元首宫"进行会谈。其实这次会谈没有新的内容，只是对已达成的交易补办手续。第二天凌晨，德、意、英、法四国便签订了《慕尼黑协定》，根据协定，捷克斯洛伐克必须从10月1日开始的10天内，把苏台德区及其附属的一切设备无偿地交给德国。捷克斯洛伐克的两名代表在会谈前已经到来，但不许参加会谈，只能在会议室隔壁房间里等待四大国的判决。希特勒在慕尼黑会议上说，占领苏台德区是他对西方的最后一次领土要求。张伯伦对此毫不怀疑，回到伦敦下飞机的时候还兴高采烈地声称，他带回来"一代人的和平"，他对英国人说："这是我们时代的和平，我建议你们安心地睡去吧！"

英、法等国对法西斯国家挑战凡尔赛-华盛顿体系的行为采取绥靖政策，历史上把这种牺牲弱小国家利益、企图躲避祸水的做法称为"慕尼黑阴谋"。可是这不仅不能维护自身安全，反而助长了法西斯国家的侵略野心，加速了二战的全面爆发。希特勒最终没有履行他的诺言，在占领了苏台德区第二年的3

绥靖政策

绥靖政策是衰落的英、法帝国主义，面临德、意、日法西斯国家的挑战，为了保存自己的既得利益，采取了一种以牺牲其他国家利益为手段换取和平妥协的政策。

月就悍然侵占了整个捷克斯洛伐克；过了5个月，侵略波兰并挑起了对英、法的全面战争，并于1939年9月1日挑起了第二次世界大战。

二、二战中的著名战役有哪些？

1. 法国的溃败

在二战初期，从1939年9月德军进攻波兰到1940年5月德国真正进攻法国之间，西线几乎没有发生战事。于是德国的老百姓开始把这种战争叫作静坐战，而在西方，人们也很快就给它起了一个名字：假战争。正如英国将军富勒所说："世界上最强大的法国陆军对峙的不过26个德国师，却躲在钢骨水泥的工事背后静静地坐着，眼看着一个堂吉诃德式的英勇的盟国（指波兰）被人消灭了。"这"钢骨水泥的工事"指的就是著名的马其诺防线。可是最终，马其诺防线没能挡住德军的入侵。

当德军知道法国人打造了马其诺防线时，感到非常头疼。毕竟德军早在一战中就吃尽了法军防线的苦头，想要报复法国就必须想一个安全可靠、损失相对较小的战略方案。因此如何进攻法国就成了困扰德军总参谋部的一个问题。恰巧此时曼斯坦因提出了他的"黄色计划"设想，该设想可以说是"施里芬计划"的垂直镜像，原本"施里芬计划"是要突破比利时北部而后向巴黎方向迂回，"黄色计划"则改为从比利时南部的阿登森林实施主攻，部队在进入法国本土之后，主力部队向北部迂回，辅助部队向南部迂回阻挡法军可能的反击。希特勒首肯了曼斯坦因的设想，德军总参谋部奉命对计划进行详细设计，并预定在1940年发动进攻。法国方面完全不知道德军会选择从阿登森林发动主攻，法军总参谋部一直认为阿登森林不足以支撑大规模装甲部队前进。

然而，法军错误的防御部署导致了1940年最大的军事灾难，德军轻而易举地突破了阿登森林，击溃了比利时和英法联军，攻入了法国本土。德军绕过了法国精心布置的马其诺防线，出其不意地突入法国北部，直逼英吉利海峡，拥有数百万大军的法国，昔日号称世界第一陆军强国的法兰西，在6个星期内就被打败，法国在抵抗了40天后宣布投降。美国学者斯塔夫里阿诺斯在《全球通史》

中这样写道:"随着敦刻尔克撤退的完成,德国军队继续向南推进,6月13日占领巴黎。士气低落的法国政府接受了条件苛刻的停战协定……法国被认为是西方最强大的国家,它的迅速崩溃是一个令人心痛的打击。"

哇!原来是这样

马其诺防线

马其诺防线是法国在一战之后,为了防止德国潜在的军事威胁,在法国东部边境构筑的一条筑垒地域。它始建于1928年,以法国议员兼陆军部部长马其诺的名字命名。在法国陆军参谋部的最初构想中,马其诺防线将贯穿法国东部边境,北起加莱海岸,南达地中海沿岸,将法国与低地三国和德国之间的接壤地带完全保护起来。其中重点防御区域是与德国直接接壤的区域,阿尔卑斯山脉则是次要防御地区,此处的工程可以适当延后,这样也能够节省法国已经捉襟见肘的国防经费,因此马其诺防线也主要特指在洛林地区的防线。从1929年动工到1940年完成大部分工程,马其诺防线一共耗资50亿法郎。它拥有永备工事、地下交通网络、堑壕、铁丝网、反坦克障碍物,并配有一定的防空武器,足以保护洛林地区的安全。但就是这样坚固的一条防线,却在二战期间没能阻挡德国装甲部队。马其诺防线更是在二战结束后成了旅游景点,完全没有起到任何军事作用。

2. 兵临城下的斯大林格勒战役

二战的转折点是1942年至1943年的斯大林格勒战役。这场战役不仅改变了德国在战争中的优势地位,也标志着苏联从防御转为进攻,为联军最终赢得战争奠定了基础。

苏德战争的初期,苏军处于守势,到1942年10月,德军占领了斯大林格勒城的大部分地区。苏军顽强抵抗,与德军展开激烈巷战,逐街逐屋反复争夺。从11月开始,苏军转入反攻。1943年2月,德军第六集团军全军覆没。斯大林格勒战役历时200天,德国及其仆从国共损失约150万人,占其当时在苏德战场作战总人数的1/4。斯大林格勒战役后,德国再也无法发动大规模进攻,这一战役成了二战的转折点,胜利的天平向反法西斯力量的一方倾斜。

第八章 两次世界大战与国际秩序的演变

1943年是二战中具有非凡意义的一年,随着世界反法西斯同盟的建立,战争形势迎来了转折,苏联取得了斯大林格勒战役的胜利,德军损失惨重,苏军开始从战略防守逐步转为战略反攻,这是苏德战场乃至世界反法西斯战争的转折点!

此外,在北非战场,1942年下半年继阿拉曼战役后,美、英两军在北非登陆,并于1943年5月胜利结束北非战事;在地中海战场,1943年美英联军在西西里岛登陆,并攻入意大利本土,墨索里尼政权垮台,意大利随后投降,法西斯集团开始瓦解;在太平洋战场,美军继1942年取得中途岛战役胜利后,开始逐岛反攻;在中国战场,敌后抗日根据地度过了1941—1942年的严重困难,形势开始好转。

在反法西斯战争形势逐步发生转变的情况下,同盟国通过召开一系列重要的国际会议,加强了合作,并对战后世界事务进行了初步安排。这些会议进一步协调了各国的步伐,加速了世界反法西斯战争的胜利。

太平洋战争爆发后,日军在东南亚展开大规模进攻,英、美两国的利益受损,在日军进攻缅甸时,英国向中国求援,中国出于保卫物资交通要道滇缅公路的需要,组织远征军出国作战。当时日军势如破竹地横扫原由英、美等控制的东南亚地区,与此形成鲜明对比的是,中国已经几乎独自抗击日本侵略长达四年多,并取得第三次长沙会战的胜利。由于中国在抗击日本法西斯侵略战争中的重要贡献,中国的国际地位明显提高,赢得了世界的尊重。1943年11月的开罗会议上,世界上主要的大国认为日本必须归还占领中国的领土,也印证了这一结论。

3. 代号"霸王行动"的诺曼底登陆

开辟第二战场是对德作战之需要和英美应尽之义务。面对德军的凌厉攻势,苏联在1941—1942年强烈要求并一再敦促英美盟国开辟第二战场,以减轻苏军的压力,加速对德战争的胜利。对此,英、美两国均以各种理由拒绝,直至1943年底的德黑兰会议上,三方才达成于1944年夏天实施的协议。但在登陆选址上,英国又与苏、美两国相左,反对苏联主张。美国同意从欧洲西岸登陆的作战方案,单独炮制了所谓"打击鳄鱼腹部"的"巴尔干方案",旨在先于苏军进

入巴尔干。第二战场的迟延开辟固然有其客观原因，但不可否认受制于英、美的政治战略。如同斯大林指出的，英国在第二战场问题上的态度，是其自拿破仑战争以后，无力只身介入欧洲事务，便采取先让别人打，待大局已定，再安稳介入，坐享其成的策略。

英、美、苏三国具体的战略利益有所不同，当时英美盟军将大量兵力和军需物资投入意大利北部地区，却进展缓慢；而苏德战场的形势已经发生转变，苏联开始反攻并取得一定成果，美国担心苏联势力在欧洲过度扩张，英、美双方未来在欧洲局势上处于不利地位。苏联急于要求英、美开辟欧洲第二战场，英国希望将战略重心放在地中海地区及巴尔干半岛，美国最终同意并支持苏联方案。深究原因，苏联希望英美盟军从法国方向直接牵制德军，从而减轻自身独自对抗德军的压力，英国希望维持自己在北非、地中海地区的地位，美国希望在意大利北部地区的战斗陷入僵局的情况下，集中力量开辟欧洲第二战场。

诺曼底登陆的胜利，宣告了盟军在欧洲大陆第二战场的开辟，意味着纳粹德国陷入两面作战，减轻了苏军的压力，协同苏军有力地攻克柏林，迫使法西斯德国无条件投降，加快了二战的结束。美国学者斯塔夫里阿诺斯在《全球通史》中这样写道："1944年至1945年，欧洲基本上已被由东挺进的苏联红军和从西面的诺曼底登陆海滩涌入的英美联军解放。诺曼底登陆于6月6日发起，巨大的舰队由4000艘商船和700艘军舰组成。在法国地下游击队的宝贵援助下，盟军巩固了他们的滩头阵地……法国人民的领袖戴高乐将军驱车前往巴黎圣母院。"诺曼底登陆开辟了欧洲第二战场，使德国陷入东西两线的夹击之中。

1944年欧洲第二战场开辟之后，二战进入了粉碎德国法西斯的最后决战阶段。1945年，在二战接近尾声、德国败局已定，世界反法西斯战争取得决定性胜利的背景下，一次极其重要的会议在苏联的雅尔塔召开，史称雅尔塔会议。世界反法西斯战争最艰苦的年代，英、美两国需要中国坚持抗日，拖住日本，以便在欧洲集中力量抗击德国；1945年，世界反法西斯战争已经接近尾声，胜利在望，所以在雅尔塔会议上，英、美两国为了换取苏联对日作战，不惜牺牲中国的利益。这也充分反映了雅尔塔会议的大国强权色彩，反映了国际关系中，大国为了自己的利益，不惜牺牲弱国的利益，达到自己的目的。雅尔塔会议召开时，德国败局已定。1945年4月30日，苏军占领德国国会大厦。5月8日，德国签署无条件投降书,标志着欧洲反法西斯战争的胜利结束。

4. 反法西斯同盟的团结换来的二战结束

1945年7月,美、英、苏三国首脑在柏林附近的波茨坦举行会议,以美、英、中三国名义发表敦促日本无条件投降的《波茨坦公告》。为加速战争进程,减轻美军进攻日本本土的代价,美国准备将刚研制出的两颗原子弹投向日本。

美国学者詹姆斯·L.麦克莱恩在所著的《日本史(1600—2000)》中这样描述:"由于欧洲的战事已经结束,美国人渴望回归正常生活,美国总统杜鲁门决定尽快结束太平洋战争。……8月6日,一架B-29轰炸机投下了一颗长约30米、直径约7米的特殊炸弹。……8月9日,美国人又在长崎投下第二颗原子弹,杀死了6万至7万人。"

9日,苏联出动170余万军队越过中苏边境,向日本关东军发动强大攻势,迅速突破日军防线,占领东北主要城镇。在东南亚,盟军收复仰光,解放了缅甸;在马来西亚,人民抗日军解放了一半以上的乡村地区;在越南,各地举行起义,先后取得了胜利。至此,日本在东南亚的统治土崩瓦解。在中国敌后战场,毛泽东发出"扩大解放区,缩小沦陷区"的号召,展开了以"攻占战略要地"为主要目标的春季和夏季两大攻势,在河北、山东、山西、河南、江苏、广东等省歼灭12万余日伪军,攻克53座城市。中国战场的反攻,使日军步步后退到城市和交通线两侧地区。

在反法西斯力量的沉重打击下,8月15日,日本宣告无条件投降。9月2日,在东京湾美舰"密苏里号"上,举行了日本向盟国投降签字的仪式,从而宣告了世界反法西斯战争和中国抗日战争的结束。9月3日被确定为中国抗日战争胜利的纪念日。9月9日,中国战区日军投降签字仪式在南京举行。

日本的战败是世界反法西斯多股力量联合的结果。在反法西斯同盟中,有社会主义国家、资本主义国家、帝国主义国家和殖民地半殖民地国家,各类国家的社会制度、意识形态和政治目的不尽相同,但出于反法西斯侵略的共同利益,同盟国之间还是尽可能地维持着盟友的关系,直到战争胜利。广泛的国际反法西斯同盟的建立,及其有效的军事、经济合作,是世界反法西斯战争取得最后胜利的重要保障。

三、为何二战时的盟友会变为战后的对手？

二战使国际政治格局发生了根本变化，使国际舞台上大国之间的力量对比和地位发生巨大变化。

1945年5月，德国代表在西方盟军司令部所在地签署了无条件投降书。同年7月，苏、美、英三国首脑在柏林附近的波茨坦举行会议，这次会议时间很长，斗争也十分激烈，为了取得战争的最后胜利，三国就一些重大问题达成了协议。

但是，随着二战胜利的即将到来，美、苏两国也开始为战后国际新秩序的安排开始了角力。二战中，苏联付出了惨痛的伤亡代价，为了保卫自己，未来免受敌国的攻击，苏联决心将自己占领的邻国置于自己的控制之下，这让美、英等西方国家意识到苏联将在二战结束后威胁到美、英两国的国家安全、战略安全和利益安全，再加之意识形态上的冲突，苏联与美国在此时的关系变得非常微妙，这一矛盾直接影响战后世界格局。

美国总统杜鲁门在《杜鲁门回忆录》中这样写道："我决定，对日本的占领不能重蹈德国的覆辙。我不打算分割地管制或划分占领区。我不想给俄国人以任何机会，再让他们像在德国和奥地利那样去行动。""不能重蹈德国的覆辙"是指美国想单独占领日本，因为美国此时以自己的利益为出发点，希望战后的日本不再成为美国的威胁，同时使日本成为其推行霸权主义和反共反苏的基地。

四国分区占领德国，导致德国分裂，美国想单独占领日本，一切对日本的处置措施都是以美国的利益为出发点的，具体表现为：第一，美国要确保日本不再成为美国的威胁，实现美国统治下的和平，因此同意惩处日本战犯，促使日本进行各种社会改革，并按美国的"三权分立"原则改革日本的政治体制。第二，美国要使日本成为其在亚太地区推行霸权的基地，由于日本的地理位置独特，美国要把日本打造成反苏反共的堡垒，为保持日本政局和社会的稳定，美国保留了天皇制，并从政治、经济、军事上全面扶植日本。这就必然导致美国要寻找一种微妙的平衡。如东京审判，既是正义的，也留下许多缺憾和不尽如人意之处。

二战后大国之间的力量对比发生了怎样的变化？与二战期间相比，此时美、

第八章 两次世界大战与国际秩序的演变

苏两国关系发生了怎样的变化?为什么会出现这样的变化?由此,又会对世界政治格局产生什么影响?还在1943年的德黑兰会议期间,丘吉尔就已意识到"英国是一个多么小的国家"。他曾经这样描绘:"我的一边坐着把一条腿搭在另一条腿上的巨大的俄国熊,另一边是巨大的北美野牛,中间坐着的是一头可怜的英国小毛驴。"鉴于美国所处的非常有利的经济和战略地位,美国的势力在1945年后便向外迅猛发展,由于美国势力最难渗透的是苏联控制的地区,所以利益的严重冲突终于不可避免了!自由主义和共产主义是两个世界性的思想体系,互相"排斥",水火不相容——一个国家不站在美国领导的阵营内,便站在苏联领导的阵营内,不存在中间道路。

二战后,以英、法为代表的欧洲资本主义国家力量衰弱,美国成为资本主义世界的霸主。同时,社会主义国家力量壮大,东欧、亚洲出现了一系列人民民主国家,并走上了社会主义道路。苏联的经济迅速恢复,成为唯一能与美国抗衡的国家。这就出现了以美国为首的资本主义阵营与以苏联为首的社会主义阵营对峙的局面,"北约"与"华约"两大军事、政治集团的出现标志着两极格局的形成。

往事钩沉

雅尔塔体系

国际政治经济学家将雅尔塔会议和此前的开罗会议(1943年11月)、德黑兰会议(1943年12月),以及之后的波茨坦会议(1945年7月)所确定的世界政治经济格局称为"雅尔塔体系"。

二战严重削弱了英、法等国的势力,使之成为二流国家,世界政治经济格局发生了重大改变,以欧洲为中心的国际关系舞台成了历史,取而代之的是雅尔塔体系下的美苏两极格局。

雅尔塔体系的形成给战后的世界带来了什么影响?我们不妨从多个视角来看。随着二战走向结束,美、苏两国的实力空前强大,双方虽然有矛盾,但还在遵守雅尔塔体系的约定,维护了世界和平。在雅尔塔体系下,以和平的方式解决争端成为处理国际关系的原则。联合国作为雅尔塔体系的重要产物之一,在维

系世界和平方面发挥了重要作用，尤其是1971年中华人民共和国重返联合国后，对于发挥联合国的积极作用起到了重要影响。联合起来的欧洲，社会经济得到迅速恢复和发展，国际地位也获得极大提高。日本和中国的崛起，促进了世界格局朝着多极化的方向发展。

　　人类社会在20世纪上半叶经历了两次世界大战的残酷杀戮和惨痛教训后，真切地认识到和平的重要意义。和平，犹如空气和阳光，受益而不觉，失之则难存。和平是世界人民的永恒期望。哪怕是在后来的古巴导弹危机期间美、苏对峙、一触即发的危急时刻，和平仍然成为解决矛盾的首选。以史为鉴，才能避免重蹈覆辙。历史已经无法改变，但可以引以为戒，塑造未来。在经济全球化时代，没有哪一个国家可以独善其身，历史上从来没有像今天这样，人类的命运紧密联系，相互依存。希望各国人民更加紧密地团结起来，合作共赢，共同发展，铸剑为犁，永不再战。

参考文献

[1] 格哈特·温伯格.希特勒德国的对外政策：上编[M].何江，张炳杰，译.北京：商务印书馆，1992.

[2] 齐世荣.绥靖政策研究[M].北京：首都师范大学出版社，1998.

[3] 李德·哈特.第二次世界大战战史[M].钮先钟，译.上海：上海人民出版社，2015.

[4] 斯塔夫里阿诺斯.全球通史：下册[M].7版.董书慧，等译.北京：北京大学出版社，2005.

[5] 詹姆斯·L.麦克莱恩.日本史（1600—2000）[M].王翔，朱慧颖，王瞻瞻，译.海口：海南出版社，2014.

[6] 中共中央文献研究室，中央档案馆.建党以来重要文献选编：第十二册[M].北京：中央文献出版社，2011.

[7] 何跃.论第二次世界大战中英国的远东政策[J].历史教学问题，2007（4）：88-92.

[8] 曹维君.略论第二次世界大战中的英苏关系[J].历史教学，2001（4）：14-18.

第九章

从冷战到和平发展、合作共赢的时代

第九章 从冷战到和平发展、合作共赢的时代

二战中后期，美、英、苏等国确定的雅尔塔体系，其实质是美苏两分天下。雅尔塔体系的建立是战后两极格局形成的基础。两极格局以美苏为中心，以两大军事政治集团、两大阵营全面对抗为特点。两极格局的对抗的主要形式是冷战。冷战是指20世纪40年代中后期至20世纪80年代末90年代初，以美苏为首的两大集团之间逐步形成的在政治、经济、军事、外交、意识形态、文化乃至科学技术等方面的既非战争又非和平的长期对峙与竞争状态。

大家应该力求从全球视野来分析二战后美苏冷战过程中的国际体系与国际格局的新变化。通过分析冷战的发生、发展过程，从而认识国际格局的演变历程，即两极格局的建立到多极化趋势的显现再到两极格局的瓦解这一发展主题，并理解两者之间的相互影响。

> **头脑风暴**
>
> （1）为什么会出现"冷战"这个概念？冷战是什么时候开始的？又缘何结束？
>
> （2）"后冷战时代"的世界，该何去何从？

第一节 "一个胡桃的两半"

一、杜鲁门主义

对于杜鲁门，大家可能并不陌生。他就是在二战期间下令向日本投掷原子弹、在朝鲜战争中屡次对中国进行核威胁的那个美国总统。那么，什么是杜鲁门主义？为何它的出台标志着冷战开始？就让我们从二战后的世界局势说起吧。

世界反法西斯战争的胜利离不开美、苏两个大国的合作，二战胜利后它们还会继续合作吗？

挪威学者盖尔·伦德斯塔德在《战后国际关系（第六版）》中这样写道：

"1943年及1944年初，美国国内几乎所有苏联问题专家都觉得战后美苏合作应当是可能的，虽然他们在战前都对苏联怀有疑虑。盖洛普民意测验证明，直到1945年8月，54%的美国人认为苏联值得信任，并觉得苏联会在战后与美国合作。这个百分比只比整个战争时期的最高点——1945年2月——低10%。另有30%的人认为苏联不可信任，而16%的人没有发表意见。"

中国学者也表达了相似的观点：1943年5月，斯大林迫不及待地提出立即解散共产国际，目的就是要排除苏联与西方合作的"障碍"，为各国人民将来在平等的基础上进行联合扫清道路。那年秋天，斯大林甚至做出了改换苏联国歌的决定。人们早已经熟悉的《国际歌》不再是国歌而只能作为党歌了。斯大林亲自挑选和修改的歌词，突出了"伟大的俄罗斯"。

战时苏联作为反法西斯的主要力量，也努力促进美、苏两国合作。这说明双方均有合作的意愿，但为什么战后双方快速走向了对抗？真相是什么？战后二者的关系又将如何影响历史？让我们一起走进二战后的世界一探究竟。

二战期间，西方资本主义国家美、英、法等与社会主义国家苏联为了对抗共同的敌人结成同盟，战后，主导反法西斯联盟的美、英、苏三国举行了一系列首脑会议和私下会谈，讨论战后世界的安排，通过在这些会议和会谈中达成的协议、发表的宣言和公告、组建的国际组织等，重新构建了以美苏两国合作协调为基础的战后国际秩序的基本框架和运行机制，但一系列的妥协并没有得偿所愿，当时的联合国并没有把世界联合起来。

二战后，美国在军事和经济实力上高度膨胀，主导建立了联合国和布雷顿森林体系，世界正在形成有利于其称霸世界的秩序。与欧洲的整体衰落形成极大反差和鲜明对照的是美国和苏联的力量在二战后的空前强大。二战使美国成为世界第一经济、政治和军事强国。它拥有占全球财富50%的巨大经济实力，足以使西欧复兴；它拥有世界上最强大的军队，控制着制海权和制空权，1946年美国军队在56个国家驻扎，1947年它已在海外建立了484个军事基地，还一度垄断着原子武器，并将整个西欧、美洲和日本置于自己的控制之下。美国所具有的这种巨大优势，不仅使它有了一种"飘飘然的自我优势感"，而且让它认为美国统治下的和平时代已经到来了。

战后的苏联虽然经济逊于美国，但军事和政治十分强大。它拥有世界上最强

第九章 从冷战到和平发展、合作共赢的时代

大的陆军，整个军事实力仅次于美国；它收复了战争中的失地，还兼并了其他一些国家的领土，不仅使其西部战略环境得到了重要改善，也使其东部战略环境得到了有利的调整；它进一步使整个东欧处于自己的控制之下，与西方相对而立；再加上苏联在反法西斯战争中做出的重大贡献和显示出的巨大能量，使它在全世界赢得了很高的威望，当二战结束时，只有苏联的国际权势和影响能够与美国相比。而苏联由于传统观念、历史问题、意识形态等因素，一直怀有强烈的不安全感。基于这种不安全感，苏联着手建立一圈强大的安全地带，通过政治与地缘上的不断扩张来保障自身安全，这不可避免地与美国的全球扩张产生尖锐的冲突，二者的战时合作关系变得异常脆弱，对抗一触即发。

美国、苏联在二战后影响力巨大，形成双强，也是影响战后格局的最主要的力量。战时的合作为什么不能继续？是因为丘吉尔或者杜鲁门个人吗？当然不是！冷战有其深刻而复杂的历史原因。苏联的社会制度从建立伊始就遭到了西方围攻，苏联在极其艰难的情况下击退了西方的联合军事干涉，在二战时，苏联成为抗击法西斯的主要力量，显示出社会主义制度的价值，使得西方更加不安。虽然斯大林解散了共产国际，但双方的合作还是以破裂告终，说明意识形态的对立并不是双方合作破裂的唯一理由，还有国家利益之争。

苏联的安全战略与意识形态成为美国全球扩张战略最大的障碍。美国需要采取什么策略来实现它的全球战略呢？驻苏的美国外交官凯南在 8000 字长电报中的主张，非常符合美国的国家利益与战略需要——制止苏联共产主义的扩张，以及苏联在地缘上的扩张。可以说凯南的遏制思想构成了冷战的理论基础。

往事钩沉

1946 年 2 月 22 日，美国驻苏联大使馆代办乔治·凯南向华盛顿发回一封 8000 字的长电报，认为苏联"在一切认为适时和有希望的地方，努力扩大苏联的势力范围……如果美国拥有足够的武力，并清楚地表明它准备使用武力，这就几乎用不着真的动武，就可以迫使苏联退却。"

凯南提出了美国要依靠实力抵制苏联的扩张，同时又不会引起美苏之间全面军事冲突的主张。这正是遏制政策的前奏。

1947年3月12日，杜鲁门在国会发表咨文①，认为希腊和土耳其直接处于共产主义威胁之下，为了消除这一威胁，美国将向这两国政府提供4亿美元的紧急援助。杜鲁门总统签署命令，派遣战列舰"密苏里"访问土耳其的伊斯坦布尔，以此行动对土耳其执政政府表示支持。美国记者李普曼评论："我们选择希腊和土耳其，不是因为它们特别需要援助，也不是因为它们是民主的光辉典范，而是因为它们是通向黑海和苏联心脏的战略大门。"在这篇咨文的基础上形成了所谓的杜鲁门主义。

美国独立以来，长期奉行孤立主义，反对介入欧洲事务，二战以后，孤立主义在美国政坛依然有很大影响力。二战后苏联对希腊、土耳其的觊觎，使时任副国务卿的艾奇逊确信苏联对美国已经形成重大威胁，开始从倡导大国合作转向推崇冷战政策。他提出的"烂苹果理论"意为，希腊、土耳其一旦被苏联控制，这个影响将在中东、非洲、欧洲等世界各地引起连锁反应，这将极大威胁美国的利益。因此，美国必须援助希腊、土耳其，遏制苏联的进攻。杜鲁门主义就是在这一思想指导下提出的。杜鲁门主义的出台是美国对外政策的重大转折点：第一，它表明美国战后的对外政策终于完成了从孤立主义向全球扩张主义的转变；第二，它成为美国对苏联进行冷战的重要标识，并使其意识形态味道十分浓烈；第三，它标志着美国越来越以两极思维看待这个世界。

杜鲁门主义的出台标志着冷战的开始，因为其实质是美国遏制苏联、称霸世界的全球扩张主义。美国公开宣布反苏反共，标志着美苏合作关系正式破裂！

二、马歇尔计划

20世纪50年代，苏联流传着一幅政治漫画——《骑士及其旅伴》，画中一位美国骑士骑着身上写着"马歇尔计划"的瘦马赶往西欧，骑士的旅伴则是一个身着黑衣的魔鬼，正如影随形地跟着他。漫画寓意马歇尔计划会给西欧带去灾难！漫画的作者为何对马歇尔计划表现出敌对的态度呢？

杜鲁门主义出台后，斯大林并没有太大的反应，因为美国并没有采取对苏联

---

① 咨文指国家元首向国会提出的有关国事情况的报告。

第九章 从冷战到和平发展、合作共赢的时代

造成巨大威胁的具体措施。但是美国很快制订了具体的实施计划——经济上的马歇尔计划，即欧洲复兴计划。马歇尔在 1947 年的演说中冠冕堂皇地表示："美国应该尽力协助世界恢复至经济健全的常态，没有它，也就没有政治的安定，没有牢固的和平。我们的政策不是反对任何国家、任何主义，而是反对饥饿、贫穷、悲惨、混乱。我们的任务是唤起合理经济的再生，促使政治社会的结构容纳自由制度存在。"

马歇尔计划规定：凡接受援助的国家都必须同美国政府签订协定，接受援助条件，即受援国必须购买一定数量的美国商品，但禁止购买美国的"紧张物资"；必须尽快撤销关税壁垒，取消或放松外汇限制；为美国提供生产所需要的战略物资；向美国提供使用美援的情况报告，允许美国对其内部预算做某种程度的控制；保障美国私人投资和开发的权利；限制同苏联和东欧国家的贸易，并在政府中排挤和压制进步力量。马歇尔计划还规定，设立隶属总统的管理马歇尔计划执行的经济合作署，负责美援的分配和使用，并有权批准特别项目。

从 1948 年 2 月到 1951 年底，有 16 个国家接受了马歇尔计划的援助，总额为 131.5 亿美元，其中 90% 是赠予，10% 是贷款。丘吉尔称其为"人类历史上最慷慨的举动"！但是美国真的如此好心，会在欧洲做慈善吗？美国著名历史学家帕尔默在《现代世界史——1870 年起》中一针见血地分析："美国固然是在利用它自己的经济资源帮助其竞争对手实现复兴，但在此同时马歇尔计划也通过修复世界市场而服务于美国人自己的利益，可以说美国是世界市场的主要受益者。通过为美国出口开拓海外市场，马歇尔计划也有助于促进美国本土的经济繁荣。美国人实现了自己的人道主义动机，又满足了自己的经济需求，同时削弱了欧洲人倒向苏联的趋势。马歇尔计划也加剧了苏联集团和西方之间的分裂。"

马歇尔计划又称"欧洲复兴计划"，是否意味着其援助范围是全欧洲？不是，其只针对西欧，马歇尔计划将社会主义国家排除在外。苏联对马歇尔计划的态度由积极参与到失望抵制。积极参与是因为苏联在战争中经济受到重创，需要援助以恢复经济；失望抵制则是由于认清双方的分歧关系到国家战略利益的全局性问题。

苏联对马歇尔计划失望后，实行了莫洛托夫计划，后组建经互会。这虽然加

强了苏联与东欧国家的经济联系，一定程度上促进了苏联和东欧经济的恢复和发展，但将高度集中的计划经济强制推行到东欧，强化了苏联对东欧经济的控制，日后导致东欧国家经济发展脱离国情，之后形成的封闭的苏联东欧经济圈脱离统一的世界市场，这样不利于发展高新科技，不利于全球化。世界经济割据形成两个"半球"，最终导致苏联和东欧经济发展长期落后。

哇！原来是这样

杜鲁门曾这样解释："杜鲁门主义的意识形态——军事承诺与马歇尔计划的经济义务是一个胡桃的两半。"如果说两者有什么区别，那就是与杜鲁门主义相比，马歇尔计划"删掉"了关于共产主义的明确提法，强调计划的目标是战胜饥饿、贫困和混乱。因此，各国共产党如果反对这个计划，就无异站到赞同饥饿、贫困、自暴自弃和混乱的地位上去了。从宣传的观点看来，这样做对于那些内部有强大共产党的国家来说是很有分量的。可以说，马歇尔计划其实是一种更隐蔽、更精巧的杜鲁门主义！

马歇尔计划与杜鲁门主义有什么关系？马歇尔计划的目的一目了然：用经济手段控制西欧，遏制苏联，遏制共产主义。而二者的关系：杜鲁门主义和马歇尔计划都体现了美国发动冷战的实质——遏制苏联、遏制共产主义，以实现全球霸权。

随着美苏冷战的加剧，为了进一步在军事上防御苏联，1949年，美国联合英、法等国组成北约。它是美国遏制苏联，称霸全球的工具，属于军事政治集团，它使冷战升级到军事对抗和战争状态。1955年，苏联联合东欧国家成立华沙条约组织，标志着美苏两极格局正式形成。

第二节 "一堵墙总比一场战争要好些"

二战后,德国被四国分区占领。1947年,美、英占领区合并,成立所谓"双占区",不久法战区与"双占区"合并。1948年,美、英、法三国在德国的西占区和柏林西占区实行货币改革,苏联反击,"柏林危机"由此产生,战后东西方关系出现第一次冷战高潮。1949年,柏林危机暂时平息,但德国的分裂已不可逆转。1949年6月,德意志联邦共和国成立,同年10月,德意志民主共和国成立,德国正式分裂。德国成为东西方冷战的核心地带,使世界局势动荡不安,也给德国国家和人民带来巨大的创伤。

20世纪50年代中期以后,美、苏冷战态势发生变化,呈现紧张、缓和交替的局面。20世纪50年代末到60年代初,冷战史上大事频繁,世界动荡不安,几乎到达核战争边缘。古巴导弹危机后,美、苏双方对核战的危险有了清醒的认识,都变得较为理性。至此,直到20世纪70年代末,美苏关系维持了近17年的缓和局面。在这个过程中,世界力量对比日益发生深刻变化,多极化趋势开始出现并发展。

1958—1961年的第二次柏林危机与1962年10月的古巴导弹危机是冷战的高潮。

1958年11月,苏联要求美、英、法三国从西柏林撤军,遭到坚决反对,第二次柏林危机爆发。1961年8月,民主德国沿西柏林边界修筑了长约170千米、高3.5～4.2米的柏林墙,其中包括水泥墙和铁丝网,沿途设有瞭望塔、地堡、警犬桩、防坦克路障、电网、铁栅栏、布雷区、自动射击装置。美国派装甲部队来到柏林墙下,与苏联坦克对峙。柏林墙的修筑成为德国分裂的标志,是冷战的符号和象征,虽然"局势很糟,但是一堵墙总比一场战争要好些"(美国总统约翰·肯尼迪语)!

关于第二次柏林危机的影响,学者滕帅在《英国、第二次柏林危机与欧洲冷战格局的演变》中有这样的观点:"第二次柏林危机造成了西方盟国内部关系的紧张，在危机中，美国一直以全球冷战视角和自己的外交政策主导盟国，造成了联盟内部的分歧和矛盾不断，压制了不同的声音。其结果是法国被排斥于苏、美、英三国核俱乐部之外，西德盟国地位遭受质疑，德国统一遥遥无期……法国和德国逐步认识到美国霸权的本质，开始为谋求'欧洲人的欧洲'而走向联合，揭开了西欧摆脱美国，走向独立的序幕。第二次柏林危机是西欧成为多极化力量的觉醒和酝酿时期。"

柏林墙的修筑既是第二次柏林危机中美、苏对峙尖锐化的表现，也是危机走向结束和政策转向缓和的标志。第二次柏林危机以后，美、苏意识到欧洲作为冷战的中心地带，彼此冲突会带来巨大的危险，包括核战危险。此后双方在欧洲的关系缓和下来，这有利于欧洲局势的稳定和发展。

而发生在1962年的古巴导弹危机，则是冷战期间美国、苏联两国之间最激烈的一次对抗。1959年，古巴发生了卡斯特罗领导的革命，推翻了亲美的巴蒂斯塔独裁政权。1961年4月，美国入侵古巴失败（猪湾事件），卡斯特罗为抗击美国，迅速向苏联靠拢。苏联乘机向古巴扩展势力，企图在古巴部署核武器以直接威胁美国本土。1962年7月，苏联把核导弹悄悄运进古巴。1962年10月，美国因苏联的这一行动而宣布对古巴实行武装封锁，引发了"加勒比海危机"，即"古巴导弹危机"。最终，苏联向美国让步，将导弹撤出古巴，美国也做出让步，古巴导弹危机结束。古巴导弹危机是美、苏实力的一次较量，表明苏联开始在全球与美国进行争霸。

古巴导弹危机作为危机管理的经典案例，揭示了面对危机时保持沟通渠道畅通，加强对一线军事力量的掌握，以及坚持战略克制策略的重要性。对此，中国学者刘金质在其著作《冷战史》中曾有过相关描述：从1962年10月22日到12月14日间，肯尼迪和赫鲁晓夫之间来往的信件就有25封……在这些信件中，两人虽然相互指责对方的行为，但是都明确表达了避免世界因为这场危机陷入核大战、通过和平谈判的途径解决危机的强烈愿望……美苏避免发生直接的军事对抗、防止世界大战特别是核大战的发生是古巴导弹危机最后得以平息的根本原因。

古巴导弹危机的和平解决也促进了秘密外交、紧急热线等危机管控措施的发展，对国际关系的危机处理与解决产生了深远的影响。美国学者迈克尔·多布

第九章　从冷战到和平发展、合作共赢的时代

斯在《午夜将至：核战边缘的肯尼迪、赫鲁晓夫和卡斯特罗》一书中有精彩的描述："事实证明，肯尼迪和赫鲁晓夫这两个死对头都在寻找解决之道，他们都有炸毁整个世界的力量，但一想到武器决战，他们都心惊胆战。"

两极对峙的核心是美苏争霸，双方的军备竞赛大大增加了世界的不安全因素，核武器的竞赛及核讹诈又引起恐怖平衡，使得两极格局下对抗的主要形式是冷战，形成了一个世界历史上相对稳定、没有世界大战的和平时期。美苏争霸使人类处于核大战的威胁之下，是世界不得安宁的根源，美苏争霸的历史告诉我们：必须坚持反对任何形式的霸权主义和强权政治，坚持维护世界和平，为世界的多极化尽到大国责任。

第三节 世界多极化发展趋势是新"合力"驱动的结果

20世纪50年代中期,世界形成了以美、苏两国为首的两极对峙格局,随着冷战的不断升级和扩张,在两极对峙中,世界逐渐崛起了多股经济力量,世界格局开始出现多极化趋势。多极力量为何崛起,其与冷战和两极格局之间又有怎样的相互影响呢?

20世纪50年代中后期世界出现了哪些新力量?答案是西欧、日本、中国、第三世界。

马歇尔计划在一定程度上帮助西欧经济渡过了战后最困难的时期,促进了西欧经济的恢复和发展。以西欧主要国家为例,英、法、意三国的工业生产,到1952年分别比战前增长13%、29%和48%;德国西方占领区的工业生产,1948年仅为1938年的51%,到1952年迅速增为115%。经济的发展使得欧洲人愈发开始思考联合的必要性。二战给欧洲留下的混乱,提供了一个重要的教训:如果欧洲人不想在起了根本变化的世界里走下坡路,就必须从起了变化的形势中做出必要的结论——欧洲的联合是绝对迫切需要的。没有政治上的一致,欧洲各国人民将会沦为超级大国的附庸。

在二战结束的头一年,美国政治领导人就开始考虑日本是否在经济上能够自足。到20世纪70年代,他们的担心又反了过来:日本是否会超越美国。到20世纪90年代时,日本的国民生产总值为美国的一半还多,比苏联和统一后的德国都要多。日本成为世界上的头号债权国,以资产总量计,世界上的前十名银行都是日本的。日本超越美国成为世界上提供发展援助的最大贡献者。毫无疑问,日本将在经济外交中扮演越来越重要的角色。

冷战期间中国取得了哪些成就?中国国民经济开始恢复并发展,尤其是改革开放以后,中国的经济总量稳步上升;二十世纪六七十年代,中国自力更生,拥有了"两弹一星",成为世界上少数拥有核武器的国家,1971年中国恢复了在联合国的合法席位,国际地位大为提升。时任外交部副部长的乔冠华在讲话中指

第九章 从冷战到和平发展、合作共赢的时代

出,中国主张国家不论大小,应该一律平等,和平共处五项原则应该成为国与国之间的关系准则。各国人民有权按照自己的意愿,选择本国的社会制度,有权维护本国独立、主权和领土完整,任何国家都无权对另一个国家进行侵略、颠覆、控制、干涉和欺侮,中国反对大国欺侮小国、强国欺侮弱国的霸权主义和强权政治。中国主张,任何一个国家的事,要由这个国家的人民自己来管;全世界的事,要由世界各国来管;联合国的事,要由参加联合国的所有国家共同来管,不允许超级大国操纵和垄断。

中国是如何影响世界格局的?中国崛起并作为一支独立的政治力量登上世界舞台,强调独立、和平与平等,反对霸权主义和强权政治,冲击了美苏两极格局,推动了多极化趋势。中国人民经过艰苦卓绝的奋斗摆脱了殖民统治,实现了民族独立,历史的教训让我们铭记:弱国无外交,吾辈当自强!中华人民共和国成立后,随着我国国力的发展,国际地位也逐步上升,但我国始终坚持和平外交并致力于世界和平,为推动世界多极化做出了自己的贡献。

中国的崛起与第三世界的兴起和发展同步进行。1955年,亚非29个国家和地区第一次在没有西方殖民国家参加的情况下举行万隆会议,这是第三世界形成的起点。从此,亚非国家开始作为一支崭新的、独立的政治力量登上了国际政治舞台。随后产生的不结盟运动,以及为维护发展中国家的经济权益、反对不合理的国际经济旧秩序的"七十七国集团"的应运而生,是第三世界力量的发展并在国际事务中发挥作用的重要而鲜明的标志,它们以联合国作为讲坛和斗争的场所,对两极格局造成冲击。

世界在美苏冷战中于20世纪50年代中期形成了两极格局,但同时在冷战影响下发展起来的多股力量又反过来冲击了两极格局,孕育了多极化的种子。多极力量的成长冲击了两极格局,苏联的解体使得两极格局最终落下了帷幕。近半个世纪的纷争带给我们太多的思考,两极格局终结对世界的影响是什么?世界形势总趋势走向缓和,但局部动荡和冲突不断;国际力量对比发生变化,社会主义力量遭受重大挫折,暂时有利于资本主义,发展中国家处于不利地位;和平与发展更突出地成为时代的主题!

二战结束后的半个世纪中,一些国家的政治形势瞬息万变,国际关系与世界格局也变化莫测。其中,美苏关系、国家利益、大国实力等成为关键性因素。纵

观二战后世界格局的演变过程,我们可从这50多年的国际关系变迁中得到这样的启示:要反对霸权主义,反对强权政治,反对干涉别国内政,反对扩大核装备,反对搞军备竞赛,永远捍卫和平、珍爱和平。

中华人民共和国成立后的第一代世界现代史专家齐世荣先生在1994年10月为《世界史·现代史编》写下这样的前言:"今天,科学技术的进步已经达到了可以大大造福于人类但也可以毁灭人类的地步。如果下几代的子孙能够把科学技术进步的成果全部致力于和平与发展,如果下几代的各国执政者能够吸取20世纪的教训而变得更加聪明和富有理智,那么21世纪将是一个持久和平与共同繁荣的世纪。研究世界通史,研究世界现代史,可以增进人类的智慧,使他们懂得如何掌握自己的命运,走向美好的未来。"

 现实直通车

构建人类命运共同体

中共十八大以来,习近平着眼于世界格局和发展大势,提出"人类命运共同体"的新思想理念,并在多个场合阐述了这一理念。

2015年9月28日,习近平出席第70届联合国大会一般性辩论,发表了题为《携手构建合作共赢新伙伴,同心打造人类命运共同体》的重要讲话,强调要构建以合作共赢为核心的新型国际关系,打造人类命运共同体。习近平在讲话中指出,实现此目标需要我们从以下几方面努力:要建立平等相待、互商互谅的伙伴关系;要营造公道正义、共建共享的安全格局;要谋求开放创新、包容互惠的发展前景;要促进和而不同、兼收并蓄的文明交流;要构筑尊崇自然、绿色发展的生态体系。中国打造人类命运共同体的倡议引起国际社会的热烈反响,对当代国际关系的影响积极而深远。

2017年2月,联合国社会发展委员会第55届会议协商一致通过"非洲发展新伙伴关系的社会层面"决议,"构建人类命运共同体"理念首次被写入联合国决议中。

第九章　从冷战到和平发展、合作共赢的时代

思维引领

习近平总书记曾深刻指出："我们党领导的革命、建设、改革伟大实践，是一个接续奋斗的历史过程，是一项救国、兴国、强国，进而实现中华民族伟大复兴的完整事业。"

你知道在中华人民共和国建立后兴国、强国之路上，中国与日内瓦的外交情缘吗？2017年1月18日，习近平主席在联合国日内瓦总部发表演讲，提到："对中国来讲，日内瓦具有一份特殊的记忆和情感。1954年，周恩来总理率团出席日内瓦会议，同苏联、美国、英国、法国等共同讨论政治解决朝鲜问题和印度支那停战问题，展现和平精神，为世界和平贡献了中国智慧。1971年，中国恢复在联合国的合法席位、重返日内瓦国际机构后，逐步参与裁军、经贸、人权、社会等各领域事务，为重大问题解决和重要规则制定提供了中国方案。近年来，中国积极参与伊朗核、叙利亚等热点问题的对话和谈判，为推动政治解决作出了中国贡献。中国先后成功向国际奥委会申办夏季和冬季两届奥运会和残奥会，中国10多项世界自然遗产和文化自然双重遗产申请得到世界自然保护联盟支持，呈现了中国精彩。"

 参考文献

[1] 哈里·杜鲁门. 杜鲁门回忆录：第一卷 [M]. 李石，译. 北京：世界知识出版社，1964.

[2] 齐豫生，夏于全. 世界全史 [M]. 长春：吉林摄影出版社，2002.

[3] 保罗·肯尼迪. 大国的兴衰 [M]. 陈景彪，等译. 北京：国际文化出版公司，2006.

[4] 吴于廑，齐世荣. 世界史：现代史编 [M]. 北京：高等教育出版社，2011.

[5] 盖尔·伦德斯塔德. 大国博弈：第六版 [M]. 张云雷，译. 北京：中国人民大学出版社，2014.

[6] 方连庆，王炳元，刘金质. 国际关系史：战后卷：上册 [M]. 北京：北京大学出版社，2006.

[7] 王斯德，钱洪. 世界当代史参考资料[M]. 北京：高等教育出版社，1989.

[8] 徐蓝. 20世纪国际格局的演变：一种宏观论述[J]. 历史教学（下半月），2013（10）：3-13.

[9] 徐蓝. 试论冷战的爆发与两极格局的形成[J]. 首都师范大学学报（社会科学版），2002（2）：87-95.